palabras andantes

argentina

palavbras andantes

coordenação editorial e tradução
érica casado — sergio cohn — teresa arijón
projeto gráfico sergio cohn
foto da capa
denise giovaneli, réplica de argentinosaurus,
plaza huincul, provincia de neuquén, argentina.
editores locales
argentina teresa arijón
bolívia homero carvalho oliva
brasil érica casado — pedro rocha — sergio cohn
chile hector hernandes montecinos
colombia érica casado
costa rica luis chaves — paula piedra
cuba marcelo lotufo — oscar cruz — josé ramón sánchez leyva
equador cristóbal zapata
guatemala alan mills
méxico iván garcía lópes — juan alcántara pohls
paraguai cinthia martínez — giselle caputo
perú andrea cabel — bruno pollack
portugal maria joão cantinho
uruguai martín barea mattos
venezuela luís delgado arria

isbn 978-85-65332-45-3

azougue press | coordenação geral sergio cohn
coordenação editorial
sergio cohn — darien lamen — cristián jiménez plaza
brasil | CNPJ 12.272.339/0001-26
portugal | NF 515805394
usa | E. Id. 803650511
chile | tucán ediciones RUT 77.369.106-1

EDITORIAL

palavbras andantes es una red de poesía iberoamericana que reúne poetas, traductores y editores en una plataforma de fortalecimiento de las literaturas locales a partir de la conexión y distribución entre países intercontinentales. Materializada por publicaciones impresas y bilingües, esperamos que la red vaya más allá de crear un evento circunstancial o una publicación puntual, estimule una relación duradera de encuentros e intercambios entre esas poesías. Por eso, creamos la revista ***palavbras andantes***, publicación que trae, trimestralmente, una amplia antología de la poesía contemporánea de uno de los países que nos integra y un ensayo introductorio. En cada edición tenemos alrededor de 20 poetas que nacieron a partir de la segunda mitad del siglo XX, y dos poetas especialmente homenajeados. ***palavbras andantes***, además de ser un vehículo de difusión y reflexión sobre la poesía iberoamericana, es una plataforma que refuerza los vínculos muy necesarios entre los países de lengua española y portuguesa y sus literaturas.

EDITORIAL

palavbras andantes é uma rede de poesia iberoamericana que reúne poetas, tradutores e editores em uma plataforma de fortalecimento das literaturas locais a partir da conexão e distribuição entre países intercontinentais. Materializada por publicações impressas e bilíngues, esperamos que a rede vá além de criar um evento circunstancial ou uma publicação pontual, estimulando uma relação duradoura de encontros e trocas entre essas poesias. Por isso, criamos a revista *palavbras andantes*, publicação que traz, trimestralmente, uma ampla antologia da poesia contemporânea de um dos países que nos integra, além de um ensaio introdutório. Em cada edição trazemos em torno de 20 poetas que nasceram a partir da segunda metade do século XX, além de dois poetas especialmente homenageados. *palavbras andantes*, além de ser um veículo de difusão e reflexão sobre a poesia iberoamericana, é uma plataforma que fortalece os tão necessários laços entre os países de língua espanhola e portuguesa e as suas literaturas.

TRADUCIRNOS PARA RE/CONOCERNOS

Un continente exuberante y magnífico. América. Nuestra América Latina. ¿Qué encierra ese nombre, que revelan/ocultan esas dos palabras? Un caudal de lenguas inconmensurable, como inconmensurables son los ríos que atraviesan nuestro territorio. Lenguas aborígenes que persisten en la Amazonía y en los arenales de las pampas, en el sur más sur del planeta al pie de los Andes, en las islas azotadas por vendavales de los trópicos. Lenguas que hasta hoy cantan en los quilombos. Lenguas que llegan desde las selvas por el aire. Lenguas que respiramos. Lenguas fuertes en su fragilidad. Lenguas heredadas de otro continente, Europa, en otros siglos: portugués y castellano. Lenguas ahora y siempre insurrectas. Lenguas amadas que nos incitan a traducirnos.

Estamos en la misma tierra polifónica, pero nos conocemos poco. La frontera del idioma ha sido contundente entre los países hispanohablantes y los lusófonos: vale decir entre Brasil y el resto de América Latina. Pero esa línea de frontera, como todas las otras, empieza a resquebrajarse, a romperse. Ya lo decía el gran poeta Waly Salomão. Y *palavbras andantes*, desde la poesía y la traducción de poesía, propone una nueva y novedosa hermandad: un re/conocimiento. Una vibración común. A esa aventura nos lanzamos amorosamente. La traducción no es un puente: es el salto que crea el puente. Allá vamos. Aquí estamos.

Teresa Arijón

TRADUZIRMOS PARA RE/CONHECERMOS

Um continente exuberante e magnífico. América. Nossa América Latina. O que significa este nome, o que revelam/ocultam essas duas palavras? Um fluxo incomensurável de línguas, como incomensuráveis são os rios que atravessam o nosso território. Línguas aborígenes que resistem na Amazônia e nos arenais das pampas, no sul mais sul do planeta na beira dos Andes, nas ilhas chicoteadas pelos vendavais dos trópicos. Línguas que até hoje cantam nos quilombos. Línguas que chegam das selvas pelo ar. Línguas que respiramos. Línguas potentes na sua fragilidade. Línguas herdadas de outro continente, Europa, em outros séculos: português e espanhol. Línguas agora e sempre insurrectas. Línguas amadas que nos incitan a traducirnos.

Estamos na mesma terra polifônica, mas nos conhecemos pouco. A fronteira do idioma tem sido contundente entre os países hispânicos e os lusófonos: vale dizer que entre o Brasil e o resto da América Latina. Mas esta linha fronteiriça, como todas as outras, começa a se quebrar, a se romper. Já dizia o grande poeta Waly Salomão. E ***palavbras andantes***, da poesia e da tradução da poesia, propõe uma nova e esperançosa irmandade: um re/conhecimento. Uma vibração comum. A esta aventura nos lançamos amorosamente. A tradução não é uma ponte: é um salto que cria a ponte. Para lá vamos. Aqui estamos.

Teresa Arijón

APUNTES PARA UNA LECTURA

1. HIC SUNT DRACONES

La convocatoria es apremiante. Organizar una muestra de la poesía que se escribe — y se lee — hoy y ahora en la Argentina. A través de veintidós poetas, preferentemente nacidos después de 1960, y dos homenajeados mayores. Poetas que, de algún modo, reflejen un aspecto vital y vibrante de nuestra enorme literatura. Poetas nacidos y residentes en distintos lugares del país. Voces diversas, dispersas, disonantes entre sí. Poetas que, en la mayoría de los casos, no responden a un grupo de pertenencia, ni militan en las filas de ninguna escuela, ni han sido necesariamente ungidos por otros, más viejos, como "las voces representativas de su generación". Poetas que ya fueron "antologados" y otros novísimos en estas lides. Poetas prolíficos y profusos; poetas secretos y erráticos; poetas de primer y último libro. Poetas solitarios, poetas solidarios. Poetas que construyen (y en ocasiones destruyen) lo que Mallarmé llamaba "la voz de la tribu". Nombres marcados en un mapa de fronteras porosas, que se irán sumando hasta cubrir de ocelos, ejes, hélices y prismas ese territorio ingobernable que es la poesía, cuya única característica permanente es la impermanencia.

2. UN PUENTE VERDE SOBRE UN PRECIPICIO AZUL

Existe en la poesía argentina de fines del siglo xx un recorte llamado "poesía de los noventa". Refiere a aquellos poetas que, según los críticos y expertos devotamente consagrados a trazar y estudiar ese recorte, surgieron y comenzaron a consolidarse entre los años 1988 y 2001. Una generación que navegó

APONTAMENTOS PARA UMA LEITURA

1. HIC SUNT DRACONES

O chamado é inadiável. Organizar uma mostra da poesia que se escreve — e se lê — hoje e agora na Argentina. Através de vinte e dois poetas, preferencialmente nascidos depois de 1960, e dois homenageados mais prestigiados. Poetas que, de alguma maneira, refletem um aspecto vital e vibrante da nossa enorme literatura. Poetas nascidos e residentes em diferentes lugares do país. Vozes diversas, dispersas, dissonantes entre si. Poetas que, na maioria dos casos, não respondem a um grupo de pertencimento, não militam nas filas de nenhuma escola, não tem sido necessariamente ungidos por outros, mais velhos, como "as vozes representativas da sua geração". Poetas que já foram "antologizados" e outros novíssimos nessas lides. Poetas prolíficos e profusos; poetas secretos e erráticos; poetas de primeiro e último livro. Poetas solitários, poetas solidários. Poetas que constroem (e às vezes destroem) o que Mallarmé chamava "a voz da tribo". Nomes marcados em um mapa de fronteiras porosas, que irão se somando até cobrir de ocelos, eixos, hélices e prismas este território ingovernável que é a poesia, cuja única característica permanente é a impermanência.

2. UMA PONTE VERDE SOBRE UM PRECIPÍCIO AZUL

Existe na poesia argentina dos fins do século XX um recorte chamado "poesia dos noventa". Refere-se àqueles poetas que, segundo os críticos e especialistas devotamente consagrados a traçar e estudar este recorte, surgiram e começaram a consolidar-se entre os anos de 1988 e 2001. Uma ge-

con suerte desigual la corriente del así llamado objetivismo, vinculado al Diario de Poesía, que lo fomentó abiertamente desde sus páginas. De esa "poesía de los noventa" se afirma que rompió (o intentó romper) con otras dos poderosas vertientes que supuestamente hegemonizaban la escena hacia fines de los ochenta en la Argentina. El neorromanticismo —cuyo epicentro era la editorial Último Reino dirigida por Víctor Redondo, bastión de resistencia durante los años atroces de la dictadura militar 1976-1983 junto a Libros de Tierra Firme, liderada por José Luis Mangieri— y el neobarroco, dimensión fractal de la poesía que devino neobarroso en las costas rioplatenses según la acepción de Néstor Perlongher. ¿Esa poesía reactiva pero no explícitamente combativa ceñiría entonces a la década de los noventa, a su vez determinante para esta breve muestra de poesía argentina ultracontemporánea? Desde esa perspectiva, ¿en qué coordenadas tendríamos que ubicar a poetas como Bárbara Belloc, cuyo excéntrico lirismo arraiga en el placer conceptual y el desafío político? ¿O a los suntuosos y pulsantes Reynaldo Jiménez y naKh ab Ra, quienes, como quería Severo Sarduy, encarnan ese reflejo necesariamente pulverizado de un saber que sabe que ya no está apaciblemente cerrado sobre sí mismo? ¿O a Silvia Castro, que "desconfía de toda comodidad y trabaja con gente vulnerable y talentosa en sitios discontinuados de todo privilegio"? ¿O a Ricardo Cerqueiro y Macky Corbalán, poetas de extraordinaria sensibilidad jamás disimulada bajo la ironía? ¿O a todxs aquellxs que por evidentes o ignoradas razones no entraron dentro de un aparato teórico funcional a su época que, a la manera de un anacrónico deus-ex-machina, exhibió para (también) ocultar?

Algunos "poetas de los noventa" (generación que muchos nos negamos a discutir como tal) han escrito ensayos que

ração que navegou com sorte desigual na corrente do assim chamado objetivismo, vinculado ao Diario de Poesía, que o fomentou abertamente nas suas páginas. Dessa "poesia dos noventa" se afirma que rompeu (ou tentou romper) com outras vertentes poderosas que supostamente hegemoneizavam a cena nos fins dos oitenta na Argentina. O neo-romantismo — cujo epicentro era a editora Último Reino dirigida por Víctor Redondo, bastião de resistência durante os anos atrozes da ditadura militar 1976-1983 junto da Libros de Tierra Firme, liderada por José Luis Mangieri —, e o neobarroco, dimensão fractal da poesia chamada neobarroso nas costas rioplatenses segundo a acepção de Néstor Perlongher. Essa poesia reativa, mas não explicitamente combativa, cingiria então a década dos noventa, por sua vez determinante para esta breve mostra da poesia argentina ultracontemporânea? Dessa perspectiva, em que coordenadas deveríamos encaixar os poetas como Bárbara Belloc, cujo excêntrico lirismo se enraíza no prazer conceitual e no desafio político? Ou os suntuosos e pulsantes Reynaldo Jiménez e nakh ab Ra, que, como queria Severo Sarduy, encarnam esse reflexo necessariamente pulverizado de um saber que sabe que já não está mansamente encerrado sobre si mesmo? Ou Silvia Castro, que "desconfia de todo o comodismo e trabalha com gente vulnerável e talentosa em lugares desprovidos de todo privilégio"? Ou Ricardo Cerqueiro e Marcky Corbalán, poetas de extraordinária sensibilidade jamais dissimulada na ironia? Ou todos aqueles que por evidentes ou ignoradas razões não entraram dentro de um aparato teórico funcional a sua época que, na forma de um anacrônico deus-ex-machina, exibiu para (também) ocultar?
Alguns "poetas dos noventa" (geração que muitos de nós nos negamos a discutir assim) escrevem ensaios que buscam

buscan interpretar la "poesía joven" de esos años, entre ellos Mario Ortiz, Beatriz Vignoli, Edgardo Dobry, D.G. Helder y Martín Prieto. Se habla de realismo, de flaneurismo decadentista, de pop salvaje, de mirada lumpen, de aplastamiento del apestoso lirismo, de un nuevo yo lírico herético y apóstata, de subjetividad chatarra, de reivindicación de la cultura popular, de tradiciones retroalimentadas, de acabar con todo para no empezar de nuevo, de filiaciones e influencias cuyo arco se tensa entre T. S. Eliot, Auden, Pound y William Carlos Williams por un lado, y Joaquín Gianuzzi y los hermanos Lamborghini por el otro.

3. COLIBRÍ LANZARELÁMPAGOS

Incitar una lectura posible, que siempre será precaria y fugaz. Argentina es un país geográfica, social y culturamente diverso, y esa diversidad afortunadamente es inmensa y comienza a mostrarse en todos sus aspectos. Lo que ocurre o se difunde en la ciudad de Buenos Aires ha sido también, y casi siempre, un horizonte de exclusión. Es necesario reorientar el rumbo, abrir otras ventanas, mirar con otros ojos. Trazar nuevas hojas de ruta que orillen los bosques y las selvas, los llanos, las estepas, los desiertos, los parajes remotos, los arrabales. Llegar al hueso. Encontrar poemas como ráfagas, como fulgores, como espejismos. Dejarse llevar por el instinto y reconocer que los únicos límites son los propios.

4. UNA PARTE DEL TODO

Esta muestra de poesía argentina actual no se propone, es obvio, como un dispositivo pseudocanónico, ni siquiera en

interpretar a "poesia jovem" destes anos, entre eles, Mario Ortiz, Beatriz Vignoli, Edgardo Dobry, D.G. Helder e Martín Prieto. Se fala de realismo, de flaneurismo decadentista, de pop selvagem, de olhar lumpem, de aplastamento do fastidioso lirismo, de um novo eu lírico herético e apóstata, de subjetividade sucata, de reinvidicação da cultura popular, de tradições retroalimentadas, de acabar com tudo para não começar de novo, de filiações e influências cujo arco se estira entre T. S. Eliot, Auden, Pound e William Carlos Williams por um lado, e Joaquín Gianuzzi e os irmãos Lamborghini por outro.

3. COLIBRÍ LANZARELÁMPAGOS

Incitar uma leitura possível, que sempre será precária e fugaz. A Argentina é um país geográfica, social e culturalmente diverso, e essa diversidade, por sorte, é imensa e começa a mostrar-se em todos os seus aspectos. O que acontece ou se difunde na cidade de Buenos Aires tem sido também, e quase sempre, um horizonte de exclusão. É necessário reorientar o rumo, abrir outras janelas, ver com outros olhos. Traçar novas folhas de caminho que margeiem outros bosques e florestas, os campos, planícies, os desertos, as estepes remotas, os subúrbios. Chegar no osso. Encontrar poemas como vendavais, como fulgores, como espelhismos. Deixar-se levar pelo instinto e reconhecer que os únicos limites são os próprios.

4. UMA PARTE DO TODO

Esta mostra de poesia argentina atual não se propõe, é óbvio, como um dispositivo pseudo-canônico, nem sequer na

la fugacidad del instante. Tampoco busca trazar una nómina ni pretende delatar, a fuerza de presencias, las inevitables ausencias. Más bien se apoya en un concepto clave de las artes visuales contemporáneas: la obra Divisor, de Lygia Pape. Una tela blanca de 30 x 30 metros, con numerosas aberturas estratégicamente distribuídas, "habitada" por personas cuyas cabezas asoman a través de los agujeros. Una estructura viva que avanza o se detiene impulsada por un motor equidistante: la presencia de lxs otrxs. Una manera de "vivir juntos", como quería Barthes. Un espacio imantado punteado por aberturas (que también son vacíos) donde los poemas aparecen de manera intermitente, aleatoria y/o simultánea.

5. SIEMPRE BIENVENIDOS

La poesía argentina es pródiga. Los nombres de los poetas muertos se suceden y hasta se superponen en una lista interminable: Oliverio Girondo, Macedonio Fernández, Silvina Ocampo, Juanele Ortiz, Olga Orozco, Enrique Molina, Edgar Bayley, Amelia Biaggioni, Alejandra Pizarnik, Juan Gelman, Jorge Leónidas Escudero, Héctor Viel Témperley, Juana Bignozzi, Irene Gruss... ¿Dónde comienza? ¿Dónde termina? ¿Qué resplandor nos enceguece o ilumina cuando abrimos ese gran libro imaginario que también podría ser, emulando a Jabès, el libro de las preguntas? Francisco Madariaga sabía de resplandores y tembladerales, del oro que siempre retorna en oro porque no es el metal sino su imagen y su sentido, de gauchos pobres de nobleza extrema, de jaguares fugitivos y caballos indómitos al amparo de una sombra. Susana Thénon era directa y letal como una flecha. "Hay poetas que requieren lectores y hay poetas que requieren partícipes de su aventura", escribió. Ni Thénon ni Mada-

fugacidade do instante. Tampouco busca traçar uma nômina nem pretende delatar, a força de presenças, as inevitáveis ausências. Na verdade, se apoia em um conceito chave das artes visuais contemporâneas: a obra Divisor, de Lygia Pape. Um tecido branco de 30 x 30 metros, com numerosas aberturas estrategicamente distribuídas, "habitado" por pessoas cujas cabeças se revelam através de buracos. Uma estrutura viva que avança ou se detém impulsionada por um motor equidistante: a presença dxs outrxs. Uma maneira de "viver juntos", como desejava Barthes. Um espaço imantado furado por aberturas (que também são vazios) onde os poemas aparecem de maneira intermitente, aleatória e/ou simultânea.

5. SEMPRE BENVINDOS

A poesia argentina é pródiga. Os nomes dos poetas mortos se sucedem e até se sobrepõem em uma lista interminável: Oliverio Girondo, Macedonio Fernández, Silvina Ocampo, Juanele Ortiz, Olga Orozco, Enrique Molina, Edgar Bayley, Amelia Biaggioni, Alejandra Pizarnik, Juan Gelman, Jorge Leónidas Escudero, Héctor Viel Témperley, Juana Bignozzi, Irene Gruss... Onde começa? Onde termina? Que resplendor nos cega ou ilumina quando abrimos esse grande livro imaginário, que também poderia ser, emulando a Jabès, o livro das perguntas? Francisco Madariaga sabia dos resplendores e tembladerales, do ouro que sempre volta em ouro porque não é o metal, mas sua imagem e seu sentido, de gaúchos pobres de nobreza extrema, de onças fugitivas e cavalos indômitos ao amparo de uma sombra. Susana Thénon era direta e letal como uma flecha. "Há poetas que requerem leitores e há poetas que requerem partícipes da sua aventura", escreveu. Nem Thénon, nem Madariaga foram jamais

riaga fueron jamás "poetas oficiales": premiados "perritos de ceniza" envueltos en complicidades palaciegas y cómodas circunstancias. Alejados de los pequeños círculos del poder que corrompe, ambos vivieron y murieron con lo puesto. Thénon, que también fue fotógrafa y empedernida traductora autodidacta de boleros y tangos al latín, publicó cinco libros en vida y cerró el ciclo con *Ova completa*. Allí aparece única y entera: su feminismo mordaz, su espíritu genuinamente revolucionario, su erudición jamás apabullante, su risa. La obra completa de Francisco Madariaga, *Contradegüellos*, fue publicada en 2016 y supera las mil páginas. Thénon dijo en una carta: "El lenguaje no se emputece ni se refina ni se alambica ni se simplifica. Es todas esas cosas desde siempre [...] Lo que ocurre es que la llamada forma no puede separarse del contenido. Si dudás de esto, probá pensar sin lenguaje". Respecto de su relación con el surrealismo, Madariaga afirmó en una entrevista con Jorge Fondebrider: "Asumí el surrealismo como algo que me permitió desarrollar elementos estrictamente americanos. No olvidemos que Europa y América son mundos diferentes, no tienen la misma manera de concebir la razón. Para mí el surrealismo no fue protesta, fue boda. No me sirvió para rechazar el mundo sino para celebrarlo. La realidad americana, con sus excesos, ya cumple con la rebelión que los europeos debieron llevar adelante por medio de sus ataques al racionalismo. La expresión de esa realidad americana vinculada a mi país natal siempre estuvo en mí. El surrealismo me ayudó a encontrar la manera. Fue una revelación".

"poetas oficiais": premiados "cachorrinhos de estimação" embrulhados em cumplicidades palacialescas e cômodas circunstâncias. Distantes dos pequenos círculos do poder que corrompe, ambos viveram e morreram com a roupa do corpo. Thenón, que também foi fotógrafa e rigorosa tradutora autodidata de boleros e tangos ao latim, publicou cinco livros em vida e fechou o ciclo com *Ova completa*. Nele aparece única e inteira: seu feminismo mordaz, seu espírito genuinamente revolucionário, sua erudição arrasadora, sua risada. A obra completa de Francisco Madariaga, *Contradegüellos*, foi publicada em 2016 e supera as mil páginas. Thénon disse em uma carta: "A linguagem não se emputece, nem se refina, nem se alambica, nem se simplifica. É todas essas coisas desde sempre [...] O que ocorre é que a chamada forma não se pode separar do conteúdo. Se você tem alguma dúvida, tente pensar sem linguagem". Sobre a sua relação com o surrealismo, Madariaga afirmou em uma entrevista com Jorge Fondebrider: "Assumi o surrealismo como algo que me permitiu desenvolver elementos exclusivamente do continente americano. Não esqueçamos que a Europa e a América são mundos diferentes, não têm a mesma maneira de conceber a razão. Para mim o surrealismo não foi protesto, foi comemoração. Não me serviu para recusar o mundo, mas para celebrá-lo. A realidade americana, com seus excessos, já cumpre com a rebelião que os europeus tiveram que levar adiante por meio dos seus ataques ao racionalismo. A expressão dessa realidade americana vinculada ao meu país natal sempre esteve em mim. O surrealismo me ajudou a encontrar a maneira. Foi uma revelação".

La poesía argentina de la última década del siglo xx y lo que va del xxi también podría configurarse como un atlas o una constelación. Estas figuras cartográficas y pluriestelares son remanidas, acaso demasiado reiteradas por compiladores y antólogos en el afán de circunscribir, y simultáneamente extender ad infinitum, los márgenes de su selección. Para esquivarlas podemos pensar en algo menos rimbombante y más al alcance de la mano. Una guía de observación, por ejemplo. Un detector de metales, una horqueta de rabdomancia. Un gesto simple y arbitrario que ayude a responder la pregunta: ¿por qué estas poetas y estos poetas?

Una gota de agua cae sobre una superficie pulida,
        rebota y se expande.
Alguien silba en voz baja e ingresa en el olvido.
Una voz con megáfono reclama techo,
        trabajo y tierra para los desplazados.
A media luz, nunca a medias, una mujer lee
        lo que escribe.
Un hombre corre desesperado.
Un pájaro maúlla, un tigre truena:
        nada es como era o se suponía que debía ser.

Otra vez: ¿por qué estxs poetxs y no otrxs?
Porque sus poemas son —según el caso— punta de lanza o de témpano, juegos wittgensteinianos, vientos llegados del océano, mojones recién plantados, polímeros de Spinoza. Porque algunxs eligen (ahora y siempre) la vía del ermitaño y otrxs son nudos de ritmo en las veredas calcinadas. Porque podría esbozarse una genealogía refractaria entre varixs de

A poesia argentina da última década do século XX e que está se passando do XXI também poderia configurar-se como um atlas ou uma constelação. Estas figuras cartográficas e pluriestelares são lugar-comum, talvez excessivamente reiteradas por compiladores e antologizadores na pressa de circunscrever, e simultaneamente estender ad infinitum, as margens da sua seleção. Para afastá-las podemos pensar em algo menos soberbo e mais ao alcance da mão. Um guia de observação, por exemplo. Um detector de metais, uma forquilha de rabdomancia. Um gesto simples e arbitrário que ajude a responder a pergunta: por que estas poetas e estes poetas?

Uma gota de água cai sobre a superfície polida,
      quica e se expande.
Alguém assobia em voz baixa e entra no esquecimento.
Uma voz com megafone reclama teto,
      trabalho e terra para os desterrados.
A meia-luz, nunca pela metade, uma mulher lê
      o que escreve.
Um homem corre desesperado.
Um pássaro mia, um tigre trovoa:
      nada é como era ou se supunha que deveria ser.

Outra vez: por que estxs poetas e não outrxs?
Porque seus poemas são — segundo o caso — ponta de lança ou de iceberg, jogos wittgensteinianos, ventos lançados do oceano, guias recém-pintadas, polímeros de Spinoza. Porque algunxs escolhem (agora e sempre) a via do ermitão e outrxs são nós de ritmo nas veredas calcinadas. Porque se poderia esboçar uma genealogia refratária entre várixs

ellxs. Porque sus poemas son regueros de pólvora y todavía arden.

Por última vez: ¿dónde están lxs que faltan?

7. PEQUEÑA SERENATA DIURNA

Esta es la primera muestra de poesía argentina contemporánea del proyecto ***palavbras andantes***. Independientemente de los dos grandes homenajeados, incluye poetas con cierta trayectoria y reconocimiento, poetas emergentes y poetas inesperados. La intención es abrir camino, ocupar espacios, tender y estallar puentes, borrar prejuicios, contrariar preferencias epocales y también complacerlas, allanar búsquedas, reflejar un momento de la historia. Ya lo decía Juanele: La poesía [...] es asimismo, o acaso sobre todo, la intemperie sin fin [...] tendida humildemente, humildemente, para el invento del amor…

Teresa Arijón
Buenos Aires, 16 de febrero de 2019

delxs. Porque seus poemas são regueiros de pólvora e ainda ardem.

Pela última vez: onde estão xs que faltam?

7. PEQUENA SERENATA DIURNA

Esta é a primeira mostra de poesia argentina contemporânea do projeto ***palavbras andantes***. Independentemente dos grandes homenageados, inclui poetas com certa trajetória e reconhecimento, poetas emergentes e poetas inesperados. A intenção é abrir caminho, ocupar espaços, levantar e explodir pontes, apagar preconceitos, contrariar preferências de época e também acolhê-las, facilitar buscas, refletir um momento da história. Já dizia Juanele: "A poesia [...] é assim mesmo, o talvez sobretudo, a intempérie sem fim [...] estendida humildemente, humildemente, para o invento do amor...".

Teresa Arijón
Buenos Aires, 16 de fevereiro de 2019

FRANCISCO MADARIAGA (1927-2000)

MADRUGADA ENTRE CABALLOS

Qué magnífico País que es...
Cómo a los subjetivos les da subjetividad,
cómo a los objetivos les da objetividad,
y la miel,
y el loro salvaje,
y la no-imperdonable caída del estero en el infinito,
y el bosque, pudriéndose en el depositario estero,
con el herir del alba en la mano del mono,
y el curandero-yeguarizo entreverado con los otros
        caballos:
el inocente parejero,
la yegua de la rosa sagrada en la rodilla,
y el padrillo de la bondad criolla en llamaradas.

*

UNA PALMERA ENTRE LAS ROSAS

Unas patas rojizas,
oh columnitas del homenaje del color.

Pequeña tumba del jardín,
        ¿me escuchas?
La mirada de Aire es ya una piedra de
        miel solar,
y la tierra abre sus ojos a los ciegos,
los ojos que estuvieron encendidos
        entre la plata viva y negra y

FRANCISCO MADARIAGA (1927-2000)

AMANHECER ENTRE CAVALOS

Que país magnífico que é...
Como aos subjetivos lhes dão subjetividade,
como aos objetivos lhes dão objetividade,
e o mel,
e o papagaio selvagem
e a não-imperdoável queda do pantanal no infinito,
e a floresta, apodrecendo no depositário pantanal,
com a dor do amanhecer na mão do macaco,
e o curandeiro-eguariço emaranhado com os outros
        cavalos:
o inocente corcel,
a égua de rosa sagrada no joelho,
e o garanhão da bondade criolla em chamas.

*

UMA PALMEIRA ENTRE AS ROSAS

Umas patas avermelhadas,
oh pequenas colunas da homenagem da cor.

Pequena tumba do jardim,
        me escuta?
O olhar de Ar já é uma pedra de
        mel solar,
e a terra abre os olhos para os cegos
os olhos que estavam acesos
        entre a prata viva e preta e

verde del Poniente,
ojos llenos de las aves de la noche,
ojos que volverán siempre a la mirada
      del amor.

Aire tendrá los ojos verdes para visitar
      al sol,
y será una palmera rojiza
entre las rosas de la sombra de la
      luna.

En la muerte de Aire,
palomito ciego.

*

LÁGRIMAS DE UN MONO

Yo quiero cautivar tu desesperación, oh mono
      adiós.
Tiemblas tanto en tus islas negras, oh mono
      adiós.
En los embarcaderos el color encendido en tus
      ojos tiene tanta fe.
Oh mono, retén el equilibrio de tu asombro.
Yo ya tiemblo en tus islas, mono adiós.
Tu odio virginal es idéntico a cuando se cruza
      mi alma con el mundo.

*

verde do Poente,
olhos cheios das aves da noite,
olhos que sempre retornarão ao olhar
        do amor.

Ar terá olhos verdes para visitar
        o sol,
e será uma palmeira avermelhada
entre as rosas da sombra da
        lua.

            Na morte de Ar,
            pombinho cego.

*

LÁGRIMAS DE UM MACACO

Eu quero cativar seu desespero, oh macaco
        adeus.
Tremula tanto em suas ilhas negras, oh macaco
        adeus.
Nos cais a cor acesa dos seus
        olhos tem tanta fé.
Oh macaco, mantenha o equilíbrio do seu espanto.
Eu já tremo nas suas ilhas, macaco adeus.
Seu ódio virginal é idêntico a quando se cruza
        minha alma com o mundo.

*

TEMBLADERALES DE ORO

El dolor ha abierto sus puertas al agua de oro del oro
        que arde contra el oro el oro de los ocultos
        tembladerales que largan el aire de oro hacia
        los rojos destinos pulmonares con el acuerdo de
        los fantasmas de oro coronados por los juncos de oro
        bebiendo los caballos de oro los troperos de oro
        envueltos en los ponchos de oro — a veces negro
        a veces rojo celeste verde — y el caballero que repasa
        las lagunas de los oros naturalmente populares
        el que se embarca en las balsas de oro con todos
        los excesos de pasajeros de oro que manejan los
        caballos de oro con los rebenques de oro bebiendo
        en la limetilla de oro del barro de oro de los sueños
        de los frescos del oro entre la majestad de las
        palmeras de oro y de los ajusticiados y degollados
        en las isletas de oro bajo de yacarés de oro
        del oro del amor.

*

EL PARAÍSO DEL ESTERO

1
Cuando el pájaro,
pájaro del amanecer que detiene la tormenta,
llega hasta el fondo del verano colérico
        y con sombras blancas,
        que deslumbra a mi cabeza,
oh rey del mediodía, vuela mi sangre con la
        tormenta del verano,

TEMBLADERALES DE OURO

A dor abriu suas portas para a água de ouro do ouro
        que arde contra o ouro do ouro dos ocultos
        tembladerales que liberam o ar de ouro para
        os destinos vermelhos pulmonares com o acordo dos
        fantasmas de ouro coroados pelos juncos de ouro
        bebendo os cavalos de ouro os tropeiros de ouro
        envoltos em ponchos de ouro — às vezes preto
        às vezes celeste rubro verde — e o cavalheiro que revisita
        as lagoas dos ouros naturalmente populares
        aquele que embarca nas balsas de ouro com todos
        os excessos de passageiros de ouro que dirigem os
        cavalos de ouro com os chicotes de ouro bebendo
        na botelha de ouro do barro de ouro dos sonhos
        dos afrescos de ouro entre a majestade das
        palmas de ouro e aqueles justiçados e degolados
        nas ilhotas de ouro debaixo de jacarés de ouro
        do ouro do amor.

*

O PARAÍSO DO PANTANAL

1
Quando o pássaro,
pássaro do amanhecer que detém a tempestade,
chega ao fundo do verão colérico
        e com sombras brancas,
        que deslumbra a minha cabeça,
oh rei do meio dia, meu sangue voa com a
        tempestade do verão,

y la húmeda reina del amor
— con aros en el rostro —
reposa en el fondo del paraíso del estero.

Cascabeles de serpientes-leyendas
cantan desde el país del odio,
que me hace llorar de fuego,
y en el río salvaje nada el niño salvaje,
¿y quien lo podría recibir,
si aún nada,
y tiene el espíritu en los ojos?
Y aún canta,
y no podría dejar de cantar su corazón,
que sólo busca enterrarse
con el río de cristales rosados,
sin poder desligarse de la tierra.

2

Me he descubierto en mi propio corazón,
tratando de envenenarme en las vastedades
de las aguas.
La serpiente era la principal belleza
dominante entre los colores
de mi sangre.
La serpiente que ardía en el final de la
frescura de mi memoria,
y copulaba con el tigre que salía intacto
de entre los juncos de oro.

Después de todo esto,
¿comprenderéis que no pueda decretar,
definitivamente,
ninguna Poética?

e a rainha úmida do amor
— com brincos no rosto —
repousa no fundo do paraíso do pantanal.

Chocalhos de serpentes-lendas
cantam desde o país do ódio,
        que me faz chorar de fogo,
e no rio selvagem a criança selvagem nada,
e quem poderia recebê-lo,
        se ainda nada,
        e tem o espírito em seus olhos?
E ainda canta,
e não poderia deixar de cantar o seu coração,
        que só procura se enterrar
        com o rio de cristais rosados,
sem poder separar-se da terra.

2

Me descobri em meu próprio coração,
tentando me envenenar na vastidão
        das águas.
A serpente era a principal beleza
        dominante entre as cores
        do meu sangue.
A serpente que ardia no final do
        frescor da minha memória,
e copulava com o tigre que saía intacto
        entre os juncos de ouro.

Depois de tudo isso,
compreenderá que não posso decretar,
        definitivamente,
        nenhuma Poética?

*

CELESTES OJOS ITALIANOS

1

Margarita, ¡qué lejanos están el celeste,
        el colorado, el verde, el amarillo!
Y vos, mi madre, en una tumba sin colores,
en medio de una provincia joyante,
vecina, en el cementerio, del viento que
        se pudre en el corazón seco y negro de
        ciertas familias.
¿Estarás cantando la canción que cantaban
        tus celestes ojos italianos?
¿O estarás escuchando cómo canta mi corazón,
que fue la única maravilla en tu fracaso,
        y en tu terror a los viejos gauchos
        bandoleros?

2

Llueve para tus ojos el color de unas invisibles
        esmeraldas,
y estoy, por primera vez, cantando para vos,
junto a un mar salvaje y aldeano.

3

El resplandor de dos países natales encendió el color,
        a veces verde, de mis ojos,
y deambulé,condenando a los impostores de la poesía
        con los sueños y poderes de las aguas,
brillando, desesperado, en mi amistad con los gauchos
        más arcaicos.

*

CELESTES OLHOS ITALIANOS

1

Margarita, quão distantes são o celeste,
   o vermelho, o verde, o amarelo!
E você, minha mãe, em um túmulo sem cores,
no meio de uma província resplandecente,
vizinha, no cemitério, do vento que
   apodrece no coração seco e negro de
   certas famílias.
Estará cantando a canção que cantavam
   seus celestes olhos italianos?
Ou estará escutando como canta meu coração,
que foi a única maravilha em seu fracasso
   e em seu terror dos velhos gaúchos
   bandoleiros?

2

Chove para os seus olhos a cor de umas invisíveis
   esmeraldas
e estou, pela primeira vez, cantando para você,
ao lado de um mar selvagem e aldeão.

3

O resplendor de dois países de origem acendeu a cor,
   às vezes verde, dos meus olhos,
e eu vaguei, condenando os impostores da poesia
   com os sonhos e poderes das águas,
brilhando, desesperado, na minha amizade com os gaúchos
   mais arcaicos.

VIAJE ESTIVAL CON LUCIO

— Aquí ya empiezan a haber caballos —
        me decía.
Y el viento del nordeste comenzaba a ser verde
        entre los colores del agua de la infancia.
Estábamos ya muy lejos de los bronces, los
        mármoles y los floreros pintados "al gusto de
        la familia" en los cementerios municipales.

Todo aquello quedaba atrás, y el sueño del viejo
        tren casi fluvial nos envolvía.
Mi pequeño hijo de siete años y yo teníamos en
        las manos las ramas de las estrellas y
        el resplandor lentísimo de los ríos rosados,
        donde sangraba el sol de los caballos, las
        vaquerías y las antiguas guerras.

Era el primer viaje solos en el tren marrón que
no quiere morir.

*

CRIOLLO DEL UNIVERSO

El blanco océano gira en mi corazón
mientras canta el otro océano de plata amarilla,
que se desprende de las aguas del sol.

Ya es muy tarde para ser sólo de una provincia,

VIAGEM ESTIVAL COM LUCIO

— Aqui já se inicia a ter cavalos —
        me dizia.
E o vento nordeste começava a ser verde
        entre as cores da água da infância.
Estávamos já muito longe de los bronzes, dos
        mármores e dos vasos pintados "ao gosto da
        família" nos cemitérios municipais.

Tudo aquilo ficava para trás, e o sonho do velho
        trem quase fluvial nos envolvia.
Meu pequeno filho de sete anos e eu tinhamos
        nas mãos os ramos de estrelas e
        o resplendor lentísimo dos rios rosados,
        onde sangrava o sol dos caballos, as
        vaquejadas e as antigas guerras.

Era a primeira viagem sozinhos no trem marrom que
não quer morrer.

CRIOLLO DO UNIVERSO

O branco oceano gira em meu coração
enquanto canta o outro oceano de prata amarela,
que se desprende das águas do sol.

Já é muito tarde para ser apenas de uma província,

y muy temprano para pertenecer,
todo,
al planeta del venidero y sangrante
resplandor.

Oh, acude a mí, a mi jerarquía de peón del planeta,
gaucho con trenzas de sangre,
mi padre,
y ensíllame el mejor caballo ruano del universo:
para atravesar el agua de oro de la muerte,
y escucharme,
todo,
siempre en ti.

El blanco océano solloza por la inmortalidad.

*

PAÍS GARZA REAL

Un puente de agua rosada cantando,
y la infinitud será también mi
País Garza Real.
Me llevaré una comarca de esteros,
lagunas, palmares,
y unos labios, unos ojos, mis
caballos.

e muito cedo para pertencer,
todo,
ao planeta do vindouro e sangrento
resplendor.

Oh, venha até mim, a minha hierarquia de peão do planeta,
gaúcho com tranças de sangue,
meu pai,
e me arreie o melhor cavalho ruao do universo:
para atravessar a água de ouro da morte,
e escutar-me,
todo,
sempre em ti.

O branco oceano soluça pela imortalidade.

*

PAÍS GARÇA-REAL

Uma ponte de água rosada cantando,
e o infinito também será meu
País Garça-Real.
Levarei uma comarca de pantanais,
lagoas, palmeiras,
e uns lábios, uns olhos, meus
cavalos.

SUSANA THÉNON (1935-1991)

KIKIRIKYRIE

dios nos ayude o dios no nos ayude
o nos ayude a medias
o nos haga creer que nos ayuda
y después mande decir que está ocupado
o nos ayude oblicuamente
con un piadoso "ayúdate a ti mismo"
o nos acune en brazos canturreando que vamos a cobrar
si no dormimos inmediatamente
o nos susurre que hoy estamos y mañana ay también
o nos cuente la historia de la mejilla
y la del prójimo y la del leproso
y la del muchacho lunático y la del mudo que habla
o se coloque los auriculares
o nos sacuda fuerte rugiendo que vamos a cobrar
si nos despertamos inmediatamente
o nos haga el test del árbol
o nos lleve al zoológico a mirar
cómo nosotros nos miramos
o nos señale un viejo tren sobre un fantasma de puente
apuntalado por carteles de pañal descartable

dios nos ayude o no o a medias
o renqueando

dios nos
dios qué
o más o menos
o tampoco

SUSANA THÉNON (1935-1991)

KIKIRIKYRIE

deus nos acude ou deus não nos acude
ou nos acude pela metade
ou nos faça crer que nos acude
e depois mande dizer que está ocupado
ou nos acude obliquamente
com um piedoso "acude-se a si mesmo"
ou nos embale em seus braços cantarolando
que vamos apanhar se não dormirmos imediatamente
ou nos sussurre que hoje somos e ai amanhã também
ou nos conte a história da bochecha
e a do próximo e a do leproso
e aquela do menino lunático e do mudo que fala
ou coloque os fones de ouvido
ou nos sacuda forte rugindo que vamos apanhar
se acordarmos imediatamente
ou faça o teste da árvore
ou nos leve ao zoológico para olhar
como nos olhamos
ou nos sinalizar um trem antigo em um fantasma de ponte
apoiado por cartazes de fraldas descartáveis

deus nos acude ou não ou pela metade
ou claudicando

deus nos
deus que
ou mais ou menos
ou nem

*

JUEGO

Despojémonos de todo aquello
seguro
que se proyecta al exterior
con trazos lentos
y definitivos.
Todos empleados en la tarea
de ser, vivir, sentir
sin otros lazos.
Y quien no atine a sofocar
su amor por lo prohibido,
reclame su derecho al dolor,
su penitencia.
Despojémonos de todo cuanto
nos conformó a imagen y semejanza
nuestra
y gustemos sabiamente
el minuto absurdo y libre.

*

QUIÉN

¿Quién caerá primero?
¿Quién estará solo
primero?
¿Quién
se resistirá inútilmente
al cielo que avanza?

*

JOGO

Despojemo-nos de tudo aquilo
seguro
que é projetado no exterior
com traços lentos
e definitivos.
Todos empregados na tarefa
de ser, viver, sentir
sem outros laços.
E quem não pode sufocar
seu amor pelo proibido
reivindique seu direito à dor,
sua penitência.
Despojemo-nos de tudo quanto
nos conformou à imagem e semelhança
nossa
e degustemos sabiamente
o minuto absurdo e livre.

*

QUEM

Quem cairá primeiro?
Quem estará só
primeiro?
Quem
resistirá inútilmente
ao céu que avança?

*

POEMA CON TRADUCCIÓN
SIMULTÁNEA ESPAÑOL-ESPAÑOL

> *Para ir hacia lo venidero,*
> *para hacer, si no el paraíso,*
> *la casa feliz del obrero*
> *en la plenitud ciudadana,*
> *vínculo íntimo eslabona*
> *el ímpetu exterior hermana*
> *a la raza anglosajona*
> *con la latinoamericana*
> Rubén Darío, *Canto a la Argentina*

Cristóforo
    (el portador de Cristo)
hijo de un humilde cardador de lana
    (hijo de uno que iba por lana sin cardar)
zarpó del puerto de Palos
    (palo en zarpa dejó el puerto)
no sin antes persuadir a Su Majestad la Reina
Isabel la Católica de las bondades de la empresa
por él concebida
    (no sin antes persuadir a Her Royal Highness
    die Königin Chabela la Logística de empeñar
    la corona en el figón de Blumenthal con-verso)
así se vertiesen litros y litros de
genuina sangre vieja factor RH negativo
    (así costase sangre sudor y lágrimas
    antípodas)
se hicieron a la mar

*

POEMA COM TRADUÇÃO
SIMULTÂNEA ESPANHOL-ESPANHOL

> *Para ir até o vindouro,*
> *para fazer, se não o paraíso,*
> *o lar feliz do trabalhador*
> *na plenitude cidadã,*
> *vínculo íntimo trava*
> *o impulso externo irmana*
> *a raça anglo-saxônica*
> *com a latino-americana*
> Rubén Darío, *Canto a la Argentina*

Cristóforo
    (o portador de Cristo)
filho de um humilde cardador de lã
    (filho de um que ia por lã sem cardar)
zarpou do porto de Palos
    (pau em zarpa deixou o porto)
não sem antes persuadir Sua Majestade a Rainha
Isabel a Católica dos benefícios da empresa
por ele concebida
    (não sem antes persuadir Her Royal Highness
    die Königin Chabela a Logística de empenhar
    a coroa no pé-sujo de Blumenthal con-verso)
embora se vertessem litros e litros de
genuíno sangue velho RH negativo
    (assim a custo de sangue suor e lágrimas
    antípodas)
se fizeram ao mar

(se hicieron alamares)
y tras meses y meses de yantar solo
oxímoron en busca de la esquiva redondez
        (y tras días y días de mascar Yorkshire pudding
        y un pingüino de añadidura los domingos)
alguno exclamó tierra
        (ninguno exclamó thálassa)
desembarcaron
en 1492 a.D.
        (pisaron
        en 1982 a.D.)
jefes esperaban
en pelota
genuflexos
        (mandamases aguardaban
        desnudos
        de rodillas)
Cristóforo gatilló el misal
        (Christopher disparó el misil)
dijo a sus pares
        (murmuró a sus secuaces)
coño
        (fuck)
ved aquí nuevos mundos
        (ved aquí estos inmundos)
quedáoslos
        (saqueadlos)
por Dios y Nuestra Reina
        (por Dios y Nuestra Reina)
AMÉN
        (OMEN)

        (se fizeram alamares)
e depois de meses e meses comendo só
oxímoro em busca da redondeza esquiva
        (e depois de dias e dias de mastigar pudim de Yorkshire
        e um pinguim de adição aos domingos)
alguem gritou terra
        (ninguém exclamou thálassa)
desembarcaram
em 1492 a.D.
        (pisaram
        em 1982 a.D.)
chefes esperavam
em pelo
genuflexos
        (mandachuvas aguardavam
        nus
        de joelhos)
Cristóforo engatilhou o missal
        (Christopher disparou o míssil)
disse a seus pares
        (murmurou para seus capangas)
porra
        (fuck)
veja aqui novos mundos
        (veja aqui estes imundos)
mantenha-os
        (saqueie-os)
por Deus e Nossa Rainha
        (por Deus e Nossa Rainha)
AMÉN
        (OMEN)

*

¿por qué grita esa mujer?
¿por qué grita?
¿por qué grita esa mujer?
andá a saber

esa mujer ¿por qué grita?
andá a saber
mirá qué flores bonitas
¿por qué grita?
jacintos margaritas
¿por qué?
¿por qué qué?
¿por qué grita esa mujer?

¿y esa mujer?
¿y esa mujer?
vaya a saber
estará loca esa mujer
mirá mirá los espejitos
¿será por su corcel?
andá a saber

¿y dónde oíste
la palabra corcel?
es un secreto esa mujer
¿por qué grita?
mirá las margaritas
la mujer
espejitos
pajaritas

*

por que grita essa mulher?
por que grita?
por que grita essa mulher?
vai saber

essa mulher, por que grita?
vai saber
olha que flores bonitas
por que grita?
jacintos margaridas
por quê?
por que que?
por que grita essa mulher?

e essa mulher?
e essa mulher?
vai saber
estará louca essa mulher
olhe olhe os espelhos
será por seu corcel?
vai saber

e onde ouviu
a palavra corcel?
é um segredo essa mulher
por que grita?
olhe as margaridas
a mulher
espelhinhos
passarinhas

que no cantan
¿por qué grita?
que no vuelan
¿por qué grita?
que no estorban
la mujer
y esa mujer
¿y estaba loca mujer?

Ya no grita

(¿te acordás de esa mujer?)

*

El cuerpo,
es nada más que todo.
(El alma es un cansancio
magnificado,
un escape superlativo
y radiante).

*

bueno
estoy muerta
y quiero divertirme

vamos
¿dónde está todo?

¿no hay nadie?

que não cantam
por que grita?
que não voam
por que grita?
que não atrapalham
a mulher
e essa mulher
e estava louca mulher?

Já não grita

(se lembra daquela mulher?)

*

O corpo,
é nada mais que tudo.
(A alma é um cansanço
magnificado,
um escape superlativo
e radiante).

*

bom
estou morta
e quero divertir-me

vamos
onde está tudo?

não há ninguém?

sí
sí

pasa un brillo por la ventana

estoy afuera
y vos adentro
jugás con el espejo

me tapás un ojo con sol

bien hecho
porque estoy muerta
y quiero divertirme

¿ya puedo entrar?
¿todavía no?

¿que espere?
¿como antes?
¿un poco más?

como antes

los espejos
el sol
yo afuera
vos adentro

¿no todavía?

sim
sim

passa um brilho pela janela

estou lá fuera
e você lá dentro
joga com o espelho

me tapa um olho com sol

bem feito
porque estou morta
e quero divertir-me

já posso entrar?
ainda não?

que espere?
como antes?
um pouco mais?

como antes

os espelhos
o sol
eu lá fora
você lá dentro

ainda não?

TERESA ARIJÓN (1960)

MUSEO DEL ORO. SAN JOSÉ DE COSTA RICA.

la corona de plumas del indio
¿se resguarda en el cuerpo del halcón,
del tucán, del águila mora?
la ventura animada de su voz
¿en el viento?
los árboles que el poeta feroz hachaba
¿tocones mudos, constelaciones?
la escala métrica, metálica
¿desmedida, destartalada?

la lluvia en el bosque lluvioso no redunda,
es oro en estas piedras,
oro arrasado que dibujó formas animales
en la protohistoria
y hoy reposa en vitrinas de museo —
murciélagos, ranas de patas traseras
prodigiosas que largan fuego o agua o algas por sus bocas,
sucesión de mariposas atrapadas en vuelo inocurrido,
serpientes
que inoculan su veneno — que es su sabiduría — al chamán
que se parece a una rana porque también
lanza fuego o agua o algas por la boca.

la tierra es una esfera de doble cara —
una para los vivos, otra para los muertos.
hay más de un universo, dice alguien, y la iglesia sucumbe
porque ¿habría entonces más de un cielo?

TERESA ARIJÓN (1960)

MUSEU DO OURO. SAN JOSÉ DE COSTA RICA.

a coroa de plumas do índio
se resguarda no corpo do falcão,
do tucano, da águia negra?
a ventura animada de sua voz
no vento?
as árvores que o poeta feroz rachava
tocos mudos, constelações?
a escala métrica, metálica
desmedida, desarticulada?

a chuva na floresta não redunda,
é ouro nestas pedras,
ouro arrasado que desenhou formas animais
na protohistória
e hoje repousa em vitrines de museus —
morcegos, rãs de pernas traseiras
prodigiosas que largam fogo ou água ou algas pelas bocas,
sucessão de borboletas capturadas em voo inocorrido,
serpentes
que inoculam seu veneno — que é a sua sabedoria — para o xamã
que parece uma rã porque também
lança fogo, água ou algas pela boca.

a terra é uma esfera de dupla face —
uma para os vivos, outra para os mortos.
há mais de um universo, diz alguém, e a igreja sucumbe porque
haveria mais do que um paraíso?

pero el paraíso no tiene retorno, ni contorno: es fruto y hurto
de la imaginación.

¿y las flores? rojas, salvajes, fabulosas
con la enormidad del rayo
tientan por igual a los colibríes y a los monos —
y ninguna especie triunfa sobre ellas
ni sobre el agua.

el Mar Caribe, que esconde tanta sangre en sus fosas
como el bandido Mi Sangre en su pechera,
algún día se llevará esta orilla
y esta selva
hacia el fondo
donde habitan las criaturas inaccesibles
las del azul único
y el naranja fosforescente
que reflejan
quizá
el color del cielo cruzado por el sol
o el de una naranja
que todavía cuelga
inmadura
de un árbol
mientras las flores
que son azahares
perfuman el aire caliente
y alguien —¿quién?— pasa en bicicleta
y deja la marca de las ruedas
en la tierra húmeda

*

mas o paraíso não tem retorno, não tem contorno: é fruta
e furto da imaginação.

e as flores? vermelhas, selvagens, fabulosas
com a enormidade do relâmpago
tentam por igual os beija-flores e macacos —
e nenhuma espécie triunfa sobre elas
nem sobre a água.

o Mar do Caribe, que esconde tanto sangue em suas fossas
como o bandido Mi Sangre no peito,
algum dia levará esta costa
e esta selva
até ao fundo
onde habitam as criaturas inacessíveis
aquelas de azul único
e laranja fosforescente
que refletem
talvez
a cor do céu atravessada pelo sol
ou de uma laranja
que ainda pende
imatura
de uma árvore
enquanto as flores
que são flores de laranjeira
perfumam o ar quente
e alguém — quem? — passa de bicicleta
e deixa a marca das rodas
na terra úmida

*

LAWRENCE FERLINGHETTI

Dice que envejece y que percibe
que la vida se muerde la cola,
ouroboros en la frágil insistencia de la luz.
Dice que envejece y ya no compite
por el limbo inmortal de las palabras
y que ahora, bajo la piel rugosa y las alas
que el viento abrió en sus ojos,
el único desafío es el cielo.
Dice que envejece y que no ignora
que las puertas se cierran y se abren con rítmico abatimiento.
Que va a leer lo que no sabe en el caparazón de una tortuga, en
la constelación salvaje que alumbra la pampa salvaje, en
el sonido que el cielo se traga y devuelve en ecos.
Dice que el poeta es un pescador
para quien el cielo está despejado
aun si está cubierto.

*

GARY SNYDER

rastro de conejos
rastro de ciervos qué sabemos
qué sabemos en la noche helada,
bajo los pinos,
recitando el poema de Leopardi
con memoria vaga, viendo
las estrellas limpísimas que anuncian
la aurora boreal.

LAWRENCE FERLINGHETTI

Diz que envelhece e percebe
que a vida morde sua cauda,
ouroboros na frágil insistência da luz.
Diz que envelhece e já não compete
pelo limbo imortal das palavras
e que agora, sob a pele áspera e as asas
que o vento abriu em seus olhos
o único desafio é o céu.
Diz que envelhece e não ignora
que as portas se fecham e se abrem com rítmico abatimento.
Que vai ler o que não sabe na casca de uma tartaruga, na
constelação selvagem que ilumina o pampa selvagem, no
som que o céu traga e devolve em ecos.
Diz que o poeta é um pescador
para quem o céu está claro
mesmo se está coberto.

*

GARY SNYDER

rastro de coelhos
rastro de cervos o que sabemos
o que sabemos na noite gelada,
sob os pinheiros,
recitando o poema de Leopardi
com vaga lembrança, vendo
as estrelas limpíssimas que anunciam
a aurora boreal.

rastro de osos
rastro de linces qué sabemos
qué sabemos cuando la nieve quieta cubre los vidrios
y sólo se oye el sonido del cielo, afuera, lejos.

rastro de alces
rastro de nutrias qué sabemos
qué sabemos a la mañana siguiente, en cuclillas,
contemplando el lago donde el zorro
se mojó la cola
sólo para demostrarnos que hay cierta verdad
en las palabras.

*

CEREZOS Y MONEDAS
(EN LOS JARDINES DEL PALACIO IMPERIAL)

son copos de nieve y son pétalos
son agua que corre
y monedas en el agua

la piedra en forma de rama,
de rana
asoma entre los pétalos,

un mono grita en la espesura
de la montaña que aún no le han robado.

Los cerezos en flor son el tema:
su vuelo, su silencio.

rastro de ursos
rastro de linces o que sabemos
o que sabemos quando a neve quieta cobre os vidros
e somente se ouve o som do céu, lá fora, longe.

rastro de alces
rastro de lontras o que sabemos
o que sabemos na manhã seguinte, de cócoras,
contemplando o lago onde a raposa
molhou sua cauda
só para nos mostrar que existe alguma verdade
nas palavras.

*

CEREJEIRAS E MOEDAS
(NOS JARDINS DO PALÁCIO IMPERIAL)

são flocos de neve e são pétalas
são água que corre
e moedas na água

a pedra na forma de um ramo,
de rã
assoma entre as pétalas,

um macaco grita no matagal
da montanha que ainda não lhe foi roubada.

As flores de cerejeira são o assunto:
seu voo, seu silêncio.

JUAN DESIDERIO (1962)

a Joaquín Gianuzzi

Aprovechaban los viernes que el
pelahueso dormía en la seccional y se
instalaban en la pared que da a los
monoblock. Los hevys con sus pelos
quemados y ojos de arsénico como tocaban
esos chicos la pared a cada rato
rituaban con eso se romper la puntita lo
divertido de romper la cajita del
tetra mientras apagaban el grabador solo
la voz del viento solo el ruido de
tijera que salía de entre los yuyos.
En el cementerio todo es posible los hevys
hasta pueden tener frío un radiador de
colectivo tirado ahí darte el calor todo
un invierno. Al fin la fiesta y arman una
nave y otra nave y fuman otra
nave más le cantan al azar a lo que puede
caer cantan al agua que sale de
los huesos fríos que forma un discreto lago
un hermoso ojo de agua
que descarga
en una zanja.

*

Rayos ultravioletas impactan en el lienzo
dibujan planetas que pasan a otro lienzo
afortunado es el que despierta como lienzo.

JUAN DESIDERIO (1962)

a Joaquín Gianuzzi

Aproveitavam as sextas-feiras em que o
pela-ossos dormia no destacamento e se
instalavam na parede que dá aos
monoblocos. Os hevys com seus cabelos
queimados e olhos de arsênico como tocavam
aqueles garotos a parede o tempo todo
rituavam com isso quebrando a ponta o
divertido de romper a caixinha
de vinho barato apagavam o gravador só
a voz do vento só o barulho de
tesoura que saia do meio das ervas daninhas.
No cemitério tudo é possível os hevys
até mesmo podem ter frio um radiador de
ônibus jogado lá para dar o calor todo
um inverno. Ao fim a festa e armam uma
nave e outra nave e fumam outra
nave mais cantam para o acaso para o que pode
cair cantam para a água que sai
dos ossos frios que forma um discreto lago
um belo olho de água
que acaba
em uma vala

*

Raios ultravioleta impactam a tela
desenham planetas que passam para outra tela
afortunado é quem desperta como uma tela.

Sarcasmo. Ira. Aplausos. Manjares
rastros paganos en el entrecejo
muerte de antemano. Gira la rueda.

Pies ligeros, tribulación y olvido
cuerpos hervidos en propio sudor
paciencia eléctrica.

Dínamo, palanca, llaga, así es la vida
huesos cruzados, asesinato en masa
todo viene, todo se va. La raza

raza musgosa de virtudes dormidas
late el alma en cuerpos muy densos
voces que cabalgan la noche, en dóciles cuervos

amnesia en el agua. Veneno en el aire
redención en el fuego
Amén

*

Hijo
tuve mi cabeza medieval
un póster de Hendrix
y el chaleco de jean
correspondiente.

Ahora
me siento a esperar
imágenes
en este cine de cráneo.

Sarcasmo. Ira. Aplausos. Manjares
traços pagãos no cenho
morte antecipada. Gira a roda.

Pés leves, tribulação e esquecimento
corpos cozidos no próprio suor
paciência elétrica.

Dínamo, alavanca, chaga, assim é a vida
ossos cruzados, assassinato em massa
tudo vem, tudo vai. A raça

raça musgosa de virtudes adormecidas
a alma bate em corpos muito densos
vozes que cavalgam a noite, em dóceis corvos

amnésia na água. Veneno no ar
redenção no fogo
Amém

*

Filho
tive minha cabeça medieval
um pôster de Hendrix
e o colete de jeans
correspondente.

Agora
me sento para esperar
imagens
neste cinema de crânio.

*

Velocidad en tus palabras que imprimen el aire.
Qué frías las carnes de la despensa urbana
si vas por los pasillos, no olvides los ojos
porque los colores salpican las paredes del cielo.

Pastillas letales y el ron de la avaricia
la mente se busca entre los cabellos muertos
y la fibra en este día, bendito sea este viaje
se hace estática en el alma y reposo en el cuerpo.

Bailarina que miras por los agujeros de la raza
lo disperso no puede unirse en multitudes
porque el camino incierto es hoy una avenida de carteles
y el futuro no es más que una ruina sin nombre.

Quermesse tibia y falsa como junio
desde acá se ve una zona en la quimera
nada por tus tierras que conmemore la ciencia
con la que se quebraron los animales de tu suerte.

*

La cantante inyecta la presión de su voz
en el aire.
Va por el azar,
queriendo tocarnos.

*

Velocidade em suas palavras que imprimem o ar.
Quão frias as carnes da despensa urbana
se passa pelos corredores, não esqueça os olhos
porque as cores respingam as paredes do céu.

Pílulas letais e o rum da avareza
a mente se busca entre o cabelo morto
e a fibra neste dia, bendita seja esta viagem
torna-se estática na alma e repouso no corpo.

Dançarina que mira através dos buracos da raça
o dispero não pode unir-se em multidões
porque o caminho incerto é hoje uma avenida de cartazes
e o futuro não passa de uma ruína sem nome.

Quermesse tíbia e falsa como junho
daqui se vê uma zona na quimera
nada por suas terras que comemore a ciência
com a qual se quebraram os animais do seu destino.

*

A cantora injeta pressão de sua voz
no ar.
Vai pelo acaso,
querendo tocar-nos.

CARLOS BATTILANA (1965)

BOSQUE DE HIELO

Tierra blanca
de cipreses
y altísimos pinos

la nieve
se hunde
para hacer el silencio
del monte
donde una vez vi,
transcurrida la estación del otoño
y concluida
la consolidación del hielo,
cómo
las ramas de los árboles
apenas se movían
y la quietud
era
el único estrépito,
la más maravillosa
agitación.

*

PARRILLA

Sobre el fin de la calle
rumbo al cuartel
hay un asador:

CARLOS BATTILANA (1965)

BOSQUE DE GELO

Terra branca
de ciprestes
e imponentes pinheiros

a neve
se afunda
para criar o silêncio
do monte
onde uma vez vi,
depois da estação de outono
e concluída
a consolidação do gelo,
como
os ramos das árvores
mal se moviam
e a quietude
era
o único estrépito,
a mais maravilhosa
agitação.

*

CHURRASQUEIRA

Ao final da rua
rumo ao quartel
há um assador:

es verano
pero corre una pequeña
brisa.

Mi padre
mi madre
nuestros hermanos
disfrutan de la cena
familiar
al aire libre.

No hay nada que temer
estamos abrazados por el campo
el mundo acontece en ese punto
minúsculo del universo. Tengo
seis años. Conozco
todo
lo que me circunda.
Somos libres
en el lugar.

Mi padre es feliz;
se rodea de sus hijos
de su mujer
tiene información suficiente
para proveernos
durante algunos años:
axiomas, libros, narraciones
de adolescencia.
Ahora que
su muerte es fresca
y reciente, recreo el instante

é verão
mas corre uma pequena
brisa.

Meu pai
minha mãe
nossos irmãos
desfrutam o jantar
familiar
ao ar livre.

Não há nada a temer
estamos abraçados pelo campo
o mundo acontece nesse ponto
minúsculo do universo. Eu tenho
seis anos. Conheço
tudo
o que me rodeia.
Somos livres
neste lugar.

Meu pai é feliz;
se cerca de seus filhos
de sua mulher
tem informação suficiente
para nos prover
durante alguns anos:
axiomas, livros, narrativas
da adolescência.
Agora que
sua morte é fresca
e recente, recrio o momento

en que mi padre
distribuye la carne,
las achuras, las ensaladas
en derredor.
Mi madre lo roza con los ojos
y deliberadamente
lo deja hacer
deja que su fuerza crezca
allí, en ese punto
minúsculo del universo.

*

LAS MAÑANAS

a Edgardo Zotto in memorian

Se me aparece Edgardo
en el hall,
transparente

hemos conversado
otra vez,
como si estuviéramos en Rosario
hace algún tiempo

el lento disfrute de los días
es su manera de estar

la ironía benigna
lo acompaña
no la ironía del desposeído

em que meu pai
distribui a carne,
as achuras, as saladas
ao redor.
Minha mãe o roça com os olhos
e deliberadamente
o deixa fazer
deixa que sua força cresça
lá, naquele ponto
minúsculo do universo.

*

AS MANHÃS

a Edgardo Zotto in memorian

Edgardo aparece para mim
no corredor,
transparente

conversamos
outra vez,
como se estivéssemos em Rosario
faz algum tempo

o lento desfrute dos dias
é a sua maneira de estar

a ironia benigna
o acompanha
não a ironia do despossuído

ni la del rencoroso
sino
la que se inflige
a sí mismo
con una sonrisa

no tiene idea
de la muerte,
obviamente,
nadie la tiene nunca

me muestra la cicatriz
en su cabeza
debajo de su pelo raleado,
y hace un gesto
como diciendo
"no pasa nada
está todo bien"

habla a su modo
con gestos suaves
dulcísimos

agradece,
según me dijo,
no sólo la presencia
de la luz

también,
y sobre todo,
cada
mañana
del mundo.

nem a do rancoroso
mas
aquela que se inflige
a si mesmo
com um sorriso

não tem ideia
da morte,
obviamente,
ninguém nunca tem

me mostra a cicatriz
na sua cabeça
debaixo do cabelo rareado,
e faz um gesto
como dizendo
"não passa nada
está tudo bem"

fala ao seu modo
com gestos suaves
dulcíssimos

agradece,
segundo me disse,
não apenas a presença
da luz

também
e sobretudo,
cada
manhã
do mundo.

JOSÉ VILLA (1966)

SE LE CAYÓ LA MANZANA

Se agachó sobre la huella,
sangrando
por dentro, y como diciendo
chala, overa, pelo, grueso, suelo,
almidón

Había un señor mirando hacia la tela celeste
recostado sobre cañas pasadas,
y arrodillados en el charco
los caballos de oro horroroso,
lamiendo pies, Y
de lo contrario hechos Y

Me vi cruzando mi propia
voluntad, con el cierre del sino
que había dado
aquel que va a cruzar: ni manzana
ni tiempo

*

BORROSO PRESENTE

Un globo que se había desinflado,
sobre la cuneta,

rojo y cáscaras azules y un
hilo viejo sobre esa muda de esperpentos acorazados

JOSÉ VILLA (1966)

CAIU A MAÇÃ

Se agachou sobre a pegada,
sangrando
por dentro, e como dizendo
palha, overa, cabelo, grosso, solo,
amido

Havia um homem olhando para a tela celeste
recostado em juncos passados,
e ajoelhados na poça
os cavalos de ouro horroroso,
lambendo os pés, E
caso contrário, feitos E

Me vi cruzando minha própria
vontade, com o fechar do sinal
que havia dado
aquele que vai atravessar: nem maçã
nem tempo

*

DIFUSO PRESENTE

Um balão que havia desinflado,
na sarjeta,

vermelho e cascas azuis e um
fio velho sobre essa muda de espantalhos encouraçados

Sin saber la madre me
asistía, cada vez
que el ritmo celeste de los tiempos inclinaba
sobre mí su entrecejo curioso

*

LADRILLO

Vibrato del agua, pudo haber sido tu cabeza
que asomaba en la loma del puente,
saliendo de atrás de la pared,

y encima y con el rostro a este sol con dijes de acaso,
portezuela y durmientes

La llama se comía un rombo de hule
Anillaban las nubes el final

*

DESCONOCIDO

En el pizarrón un sinuoso
camino de jacarandáes y
palos borrachos se van
salteando unos a otros hasta
el amanecer

Recién entré al patio de baldosas
flojas y la vi poniéndose prolija

Sem saber a mãe me
ajudava, toda vez
que o ritmo celestial dos tempos inclinava
sobre mim sua carranca curiosa

*

TIJOLO

Vibrato de água, pode ter sido a sua cabeça
que espiava na colina da ponte,
saindo de trás do muro,

e acima e com o rosto para este sol com berloques de acaso,
portinhola e dormentes

A chama comeu um losango de borracha
Anelavam as nuvens o final

*

DESCONHECIDO

No quadro-negro um sinuoso
caminho de jacarandás e
paineiras que
saltam umas a outras até
o amanhecer

Agora entrei ao pátio de losas
soltas e a vi se aprimorando

No sé si me pregunta o le pregunto,
o me espera,
un golpe de plumerillo
no la deja pasar

Pero de la iglesia sale un cortejo,
veo la cara del muerto inscripta
en el nombre que lo acompaña

*

TRABAJO MISTERIOSO

No sabe lo lejos que está, toca timbre en una casa,
no sabe a quien debe mirar
Buscará creer, hará su vida

La veo que camina tomada de una apariencia,
hace la suya

La verdad es que durante tanto tiempo no la había mirado:
pensaba más bien en la mezcla, en la rueca
de fieles y de estambres, de trozos de mosaico y perros
enroscados, botellas y fragmentos,
que me callé

A tal punto, que estas vías conducen a una lápida
Y sí, no parecía que entre su triste retrato y su perdida
unión hubiera algo:

Me quiere decir

Eu não sei se me pergunta ou lhe pergunto,
ou me espera
um golpe de dente-de-leão
não a deixa passar

Mas da igreja sai um cortejo,
vejo a cara do morto inscrita
no nome que o acompanha

*

TRABALHO MISTERIOSO

Não sabe o quão longe que está, toca campainha em uma casa,
não sabe a quem deve mirar
Buscará crer, fará sua vida

Vejo que caminha tomada de uma aparência,
faz a sua

A verdade é que durante tanto tempo não a havia mirado:
pensava mais na mescla, na roca
de fieis e estames, pedaços de mosaico e cães
enroscados, garrafas e fragmentos,
que me calei

A tal ponto, que estas vias conduzem a uma lápide
E sim, não parece que entre seu triste retrato e sua perdida
união houvesse algo

Me quer dizer

Que he dejado de caminar
la tarde
para empezar la naturaleza

o que he dejado empezada la naturaleza
y salido al hueco de la sangre

perro
en el umbral

Tres pedazos de madera
Tres filtros de cigarro
Tres huesos nadan

*

EL AGUA

Como siempre cubría
un breve celofán el verdín
que sobrenadaba el cemento

Las paredes la absorbían
para incorporarla a la navegación de las cosas:
sillones
luz

Por la ventana se veía
el pensamiento del hombre
Canicas Tranquilidad
Manos cruzadas

Que deixei de caminhar
a tarde
para iniciar a natureza

ou que tenha deixado iniciada a natureza
e saído para o oco do sangue

cão
no umbral

Três pedaços de madeira
Três filtros de charuto
Três ossos nadam

*

A ÁGUA

Como sempre cobria
um breve celofane o verdigris
que transbordou o cimento

As paredes a absorveram
para incorporá-la na navegação das coisas:
poltronas
luz

Através da janela se via
o pensamento do homem
Bolas de Gude Tranquilidade
Mãos cruzadas

BÁRBARA BELLOC (1968)

MANIFIESTO

Caminos, caminos y caminos. De polvo, polvo rojo,
ceniciento, polvo de estrellas; de grava; de pedruscos; de
tierra negra. Senderos en el pasto salvaje, en las selvas y
en los bosques. Caminos descubiertos al andar sin rumbo.
Rutas pavimentadas, cortadas y en construcción; carreteras
y puentes levadizos. Puentes colgantes sobre leves abismos.
Túneles. Cavernas abiertas en ambas caras de la montaña
como los tránsitos de un topo. Lechos de ríos corrientes y
secos. A campo traviesa. Por la pampa. Bajo saltos y cascadas.
A cielo llano, rival y espejo. Al azote de una tormenta.
Por el cañón, de noche. En suelo antediluviano. Entre las
plantaciones de maíz y de bananos. Por los bambúes, a
machetazos. Tras la huellas de los zorros en la nieve. Sobre
hielo resbaladizo. Sobre las hojas crujientes de oro. Cuesta
arriba. En basurales y desarmaderos de autos. En la huerta
que fue mía. Entre mi casa y la tuya, la suya y las de otros.
Por las calles y sus continuaciones. En terrenos expropiados
y baldíos. Hasta el puesto, la tranquera, la terminal y el
aeropuerto. Hasta caer rendida de cansancio. Por la ruta del
café, la ruta arqueológica y la de los fundadores. Por la línea
de la costa. En la pasarela sobre el estero. En el monte cerrado
de espinos y cactus. En la selva del trópico, con magnolias
y cocos e hibiscus suspendidos en el aire para alegría de los
monos. Al pie de las lianas. Arriba de las nubes. En barranca.
Entre estuarios. Por las rias. Entre raíces. Siguiendo la
manada de alces. De isla a isla. Trazados, o a tientas, en el
desierto. En playas de arena blanca, tibia y suave; de arena
gruesa y fría, conchillas, parvas de caracoles. En una playa de

BÁRBARA BELLOC ⁽¹⁹⁶⁸⁾

MANIFESTO

Caminhos, caminhos e caminhos. De poeira, poeira
vermelha, cinza, poeira de estrelas; de cascalho; de
pedregulho; de terra preta. Trilhas no pasto selvagem, nas
selvas e nas florestas. Estradas descobertas ao caminhar
sem rumo. Pavimentadas, cortadas e em vias de construção;
estradas e pontes levadiças. Pontes pênseis sobre abismos
leves. Túneis. Cavernas abertas nos dois lados da montanha,
como os trânsitos de uma toupeira. Leitos de rios correntes
e secos. A campo transversal. Para os pampas. Sob cascatas
e cachoeiras. A céu plano, rival e espelho. Ao açoite de uma
tempestade. Pelo cânion, à noite. Em solo antediluviano.
Entre as plantações de milho e banana. Pelos bambus, a
golpes de facões. Nos passos das raposas na neve. Sobre o
gelo escorregadio. Sobre o estalar de folhas douradas. Costa
acima. Em lixeiras e ferro-velhos. Na horta que era minha.
Entre a minha casa e a sua, a sua e a dos outros. Através das
ruas e suas continuações. Em terrenos desapropriados e
baldios. Para o posto, o portão, o terminal e o aeroporto. Até
cair rendida de cansaço. Pela rota do café, a rota arqueológica
e a dos fundadores. Ao longo da costa. Na passagem sobre
o pantanal. No mato cerrado de espinhos e cactus. Na selva
tropical, com magnólias e cocos e hibiscos suspensos no ar
para a alegria dos macacos. No sopé das lianas. Acima das
nuvens. No barranco. Entre estuários. Pelas rias. Entre raízes.
Seguindo a manada de alces. De ilha para ilha. Traçados, ou
tateando, no deserto. Nas praias de areias brancas, quentes e
suaves; de areia grossa e fria, conchinhas, montes de caracóis.
Em uma praia de areia negra. Em terraços de pedra-pomes.

arena negra. En terrazas de piedra pómez. En el laberinto de la casbah. Entre multitudes y concentraciones. Marchando en protesta. En gruesos macizos. Pisando sal. A nado sin saber nadar. En busca de donde desovan los salmones. Con ayuda de las manos. Sola, en pareja, con amigos, con extraños. Sobre lenguas heladas de lava. Al lado de las vías del tren. Largos como la noche. Entre los árboles arrancados de raíz por el huracán, una mata verde y compacta hasta las rodillas, fragante. Del centro al final del pueblo fantasma. Por las placas donde anidan las águilas. Por los pirizales y las sabanas geométricas. Subterráneos. Arcillosos. De cornisa. Tupidos de bromelias. Contracorriente. Contra remolinos de arena. En la bahía desnuda. Al sol que abrasa y la brisa, aire de la luna, leche de la luna.

*

DIAGUITA

Soy una lavandera.
A la vera del río, o en la fuente, o en el piletón de piedra
soy una lavandera.
Con cabeza, 2 brazos, 2 piernas, pies y manos
soy una lavandera.
No tengo rango ni paga ni deudas.
Muelo a palos los tejidos como me muelen a palos.
Aprendí de ver y hacer.
Con las yemas de los dedos siento el hilo, el hilo y la tela,
el agua, el calor o el frío del sol.
Con las yemas de los dedos.

El sol quema — el sol quema lo que toca — quema por

No labirinto da casbah. Entre multidões e concentrações.
Marchando em protesto. Em grossos maciços. Pisando
sal. Um mergulho sem saber nadar. Em busca de onde o
salmão desova. Com a ajuda das mãos. Sozinha, como um
casal, com amigos, com estranhos. Em línguas congeladas
de lava. Ao lado dos trilhos do trem. Longos como a noite.
Entre as árvores desenraizadas pelo furacão, um tapete
verde e compacto até os joelhos, fragante. Do centro até
o final do povoado fantasma. Pelas placas onde aninham
as águias. Pelos mangues e as savanas geométricas.
Subterrâneos. Argilosos. De cornija. Túpidos de
bromélias. Contracorrente. Contra redemoinhos de areia.
Na baia nua. Ao sol que arde e a brisa, o ar da lua, o
leite da lua.

*

DIAGUITA

Eu sou uma lavadeira.
Nas margens do rio, ou na fonte, ou no açude,
sou uma lavadeira.
Com cabeça, 2 braços, 2 pernas, pés e mãos,
sou uma lavadeira.
Eu não tenho rango nem salário nem dívidas.
Môo a paus os tecidos como me moem a paus.
Aprendi de ver e fazer.
Com as pontas dos dedos sinto o fio, o fio e o tecido,
a água, o calor ou o frio do sol.
Com as pontas dos dedos.

O sol queima — o sol queima o que toca — arde por

dentro — por eso: al cerrar los ojos se alza sobre el arco de las cejas — y quema el círculo del día.

Así el sol
hace
la noche.

*

CANÓDROMO

Ese mismo día, el discípulo escribió lo que le había dicho el maestro: *el discípulo puede ser superior al maestro como el perro puede ser mejor que el cazador, el ciervo mejor que el perro que lo persigue, el caballo que el jinete, el instrumento que el músico, los súbditos que el rey.*

Y a continuación fue anotando este listado de personajes: "Pordioseros, nómades llegados del desierto, desplazados por las guerras, hombres que trabajan de zapatero debajo de una sombrilla raída en cualquier calle, en el hueco de cualquier escalinata de Bab El Oued, zurciendo las suelas de los que tienen un solo par de zapatos y esperan descalzos, mujeres con hiyab que revuelven las parvas de desechos, verdura y fruta podrida, en los alrededores del mercado que ocupa una manzana y tiene cuatro puertas, cuatro bocas o anos, mancos y ciegos cantores, niños sin piernas que hacen teatro con las manos por monedas, hijos e hijas mendigos, padres y madres mendigos, abuelos mendigos con sus nietos, vendedores de revistas ajadas en francés (Paris Match, Vogue), de enchufes usados, suelas de goma, plantillas, cordones y botones, cualquiera de los que en un buen día comen arroz seco embutido en un pan, y entre ellos

dentro — por isso: ao cerrar os olhos, ele sobe sobre o arco das sobrancelhas — e queima o círculo do dia.

Então o sol
faz
a noite.

*

CANÓDROMO

Naquele mesmo dia, o discípulo escreveu o que havia dito ao mestre: *o discípulo pode ser superior ao mestre como o cão pode ser melhor do que o caçador, o cervo melhor do que o cão que persegue, o cavalo melhor que o cavaleiro, o instrumento que o músico, os súditos que o rei.*

E então ele estava escrevendo esta lista de caracteres: "Mendigos, nômades chegados do deserto, deslocados pela guerra, homens que trabalham como sapateiros debaixo de um guarda-chuva esfarrapado em qualquer rua, no oco de uma escadaria qualquer de Bab El Oued, remendando as solas dos que possuem um único par de sapatos e esperam descalços, mulheres com hijab que revolvem as pilhas de resíduos, vegetais e frutas podres, nos arredores do mercado que ocupa uma quadra e tem quatro portas, quatro bocas ou ânus, alejados e cantores cegos, crianças sem pernas fazendo teatro com as mãos por moedas, filhos e filhas mendigos, pais e mães mendigos, avós mendigos com seus netos, os vendedores de revistas desbotadas em Francês (Paris Match, Vogue), de plugues usados, solas de borracha, palmilhas, laços e botões, qualquer um daqueles que, num bom dia, comem arroz seco recheado num pão, e entre eles nenhum

ningún ladrón, porque robar es pecado".

Cuando levantó la vista, el discípulo vio que se había hecho de noche mientras redactaba, pausada y memorísticamente, lo que después tituló "la lista solar", porque eran todos hijos del sol infalible, que día a día los baña, los ama y les tiñe la piel hasta dejarla oscura como la almendra, la canela, la seda de la piel de la almendra cocida con vapor de agua y canela al sol.

La lista era toda suya; no del maestro. Podía modificarla, falsearla, hacerle tachaduras, incluso contar una historia. Inventada por él. Encontrada por él, no el maestro.

Y apurado por el hambre, como quien pone la pesca del día sobre la piedra caliente sin ver lo que está haciendo, el discípulo escribió lo que había estado pensando sin pensarlo: "Odio. El odio al otro. / El amor al semejante".

*

ORANGUTAN

La mansedumbre de la hoja
es la mansedumbre de tu espíritu:
¿dónde se guarda la savia? ¿dónde el recuerdo?
Belian, Obah, Medang y Ranggu, los árboles añosos,
son centinelas de las crías, que como frutos
peligrosos penden de las ramas y dependen
de la gracia de sus dioses mudos, el ojo de la estrella
(Héspero) para alcanzar el nido
coronado por la flor de Cempaka: magnolia
hermana mía y del simio.

ladrão, porque roubar é pecado".

Quando levantou a vista, o discípulo viu que estava escuro quando redigia, lenta e memoradamente, o que mais tarde chamou de "a lista solar", porque todos eram filhos do sol infalível, que dia após dia os banha, os ama e tinge a pele até ficar escura como amêndoa, canela, a seda da pele da amêndoa cozida com vapor de água e canela ao sol.

A lista era toda dele; não do mestre. Ele poderia modificá-la, distorcê-la, apagá-la, até mesmo contar uma história. Inventada por ele. Encontrada por ele, não pelo mestre.

E, apressado pela fome, como aquele que põe a pesca do dia sobre a pedra quente sem ver o que está fazendo, o discípulo escreveu o que estava pensando sem pensar: "Ódio. O ódio ao outro / O amor ao semelhante".

*

ORANGOTANGO

A mansidão da folha
é a mansidão do seu espírito:
Onde se guarda a seiva? Onde a memória?
Belian, Obah, Medang e Ranggu, as velhas árvores,
são sentinelas das crias, que como frutos
perigosos pendem dos ramos e dependem
da graça de seus deuses mudos, o olho da estrela
(Héspero) para alcançar ao ninho
coroado pela flor de Cempaka: magnólia
minha irmã e do símio.

SILVIA CASTRO (1968)

SELVA FRÍA

> *De hecho, es de este ruido que procede la palabra*
> *malaya bambú. El chasquido seco de las paredes*
> *que explotan al fuego por efecto de la presión del*
> *aire contenido entre los nudos hace ¡bam!, y el aire*
> *al escaparse hace buuu...*
> Yves Crouzet. Bambúes

1
el fuego artificial
es un invento chino

como todo lo que estalla
y crece
la Quila es un bambú

su noche está poblada de ojos

ranuras
por donde leer
los labios del reino vegetal

desde Linneo
la clasificación de las plantas
se basa
en la observación de sus flores

en los bambúes
la escasez de floraciones

SILVIA CASTRO (1968)

SELVA FRIA

> *Na verdade, é desse barulho que vem a palavra*
> *malaia bambu. O estalido seco das cascas*
> *que explodem ao fogo, devido à pressão do ar*
> *contido entre os nós, faz o bam!, e o ar a*
> *escapar faz buuu...*
> Yves Crouzet. Bambúes

1
fogos de artifício
é uma invenção chinesa

como tudo que explode
e cresce
o Quila é um bambu

sua noite está povoada de olhos

ranhuras
onde ler
os lábios do reino vegetal

desde Linneo
a classificação das plantas
é baseada
na observação de suas flores

nos bambus
a escassez de flores

dificulta
la tarea de los botánicos

en peregrinación
alzan las copas del saber
para tomar del humo una señal

el incendio ha comenzado

la flor
trabaja el aroma
con el filo del tiempo

han transcurrido sesenta años
la vista se nubla en la Selva Fría

pero la humedad
nos señala el camino

2
cuando los chinos
inventaron la Patagonia
aún no existía el papel

"Hay que poblar la Patagonia"
decían

confundiendo la parte con el todo
la pasta pisó sus propios pies:

"yo soy yo
y también soy ellas"

dificulta
a tarefa dos botânicos

em peregrinação
alçam as copas do saber
para tomar da fumaça um sinal

o incêndio começou

a flor
trabalha o aroma
com o fio do tempo

sessenta anos se passaram
a vista se nubla na Selva Fria

mas a umidade
nos aponta o caminho

2
quando os chineses
inventaram a Patagônia
ainda não havia papel

"Há que povoar a Patagônia"
disseram

confundindo a parte com o todo
a pasta pisou em seus próprios pés:

"eu sou eu
e eu também sou elas "

la mano que empuña el pincel
tomaba de la caña
papel y tinta

como un peldaño quebrado
la tierra fue ganando curvatura

un hilo negro surcó el cielo

3
el viento agita en su mano
las pulseras del vacío
en el cielo de la durísima lentitud
flotan las cañas de la Selva Fría
la distancia que nos une
se mide en nudos

4
hasta la copa llegan
noticias de las profundidades

la diferencia
entre individuo y población
en una misma especie
se aprecia en la raíz

existe todo un mar
entre oriente y occidente

será necesario
un corte

a mão que segura o pincel
tomava da cana
papel e tinta

como um degrau quebrado
a terra estava ganhando curvatura

um fio preto cruzou o céu

3
o vento agita em seu punho
as pulseiras do vazio
no céu da duríssima lentitude
flutuam as canas da Selva Fria
a distância que nos une
se mede em nós

4
até a copa chegam
notícias das profundezas

a diferença
entre indivíduo e população
na mesma espécie
se aprecia na raiz

existe um mar inteiro
entre oriente e ocidente

será necessário
um corte

5

no siento mis pies

6

el paso se empequeñece
cuando sigue a su sombra

el surco que abre la ciencia oriental
se transita
con los pies dormidos

la lente del bonsai
disminuye las pulsaciones

sonámbulos
los vasos comunicantes
combaten el muñón del frío

7

la madre mira a través de los platos
la pila asciende vertiginosamente

en poco tiempo
madre e hija
serán indistinguibles

8

los retoños de esta caña
son usados
para consumir las nubes de los ojos

para esto

5
não sinto meus pés

6
o passo se apequena
quando segue sua sombra

o sulco que abre a ciência oriental
se transita
com os pés dormidos

a lente do bonsai
diminui as pulsações

sonâmbulos
os vasos comunicantes
combatem os tocos do frio

7
a mãe mira através dos pratos
a pilha ascende vertiginosamente

em pouco tempo
mãe e filha
serão indistinguíveis

8
os brotos desta cana
são usados
para consumir as nuvens dos olhos

para isto

se cortan por el pie y por la punta
y se despojan
de sus capas exteriores
se pone un poco de azúcar piedra
en el corazón que queda
y se coloca todo al sereno en una vasija

luego
con el agua que se encuentra por la mañana
en el corazón del retoño
se mojan las nubes con una plumita

9
no existen recetas

la niebla semilla
y abandona la vaina

el mundo se curva
en el zumbido
el tejido elástico del agua
eleva al cielo
su mira telescópica

la Quila es una esfera infinita
cuyo centro está en todas partes

10
algo más profundo que el rocío
se posa en los arbustos

la senda por la espina del frío

eles são cortados pelo pé e pela ponta
e se despojam
de suas camadas externas
se põe um pouco de açúcar em pedra
no coração que permanece
e se coloca tudo em uma vasilha ao sereno

logo
com a água que se encontra pela manhã
no coração da muda
se molham as nuvens com uma pena

9
não existem receitas

a névoa semeia
e abandona uma vagem

o mundo se curva
no zumbido
o tecido elástico da água
eleva ao céu
sua mira telescópica

a Quila é uma esfera infinita
cujo centro está em toda parte

10
algo mais profundo que o orvalho
pousa nos arbustos

a senda pela espinha do frio

tiñe los dedos al hablar

el paso debe ser silencioso
los labios se alejan
violetas

la bahía fecunda en las rodillas
para hacer dulce

el descenso en las aguas
Calafate es el nombre de un fruto

11
el tiempo se detiene en la madera
una cuchara emerge entre las manos

coloca al caminante
en la piedra húmeda

la empuñadura
talla la fatiga

aquello que da de comer
es el dibujo blando del radal

un tratado de mil hojas
para los días de lluvia

12
cintura que mana de una esponja
borrando huellas
en la Selva Fría

mancha os dedos ao falar

o passo deve ser silencioso
os lábios se afastam
violetas

a baía fecunda nos joelhos
para fazer doce

a descida nas águas
Calafate é o nome de uma fruta

11
o tempo se detém na madeira
uma colher surge entre as mãos

coloca ao caminhante
na pedra úmida

o punho
talha a fadiga

aquilo que nos dá de comer
é o desenho suave do radal

um tratado de mil folhas
para dias chuvosos

12
cintura que emana de uma esponja
apagando pegadas
na Selva Fria

frío en los huecos del cayado

respiro
por el canal abierto de la caña

doy
con mi blanco
móvil

vuelvo

13
sólo el grillo de las brasas
ilumina su rostro

de pie
el Ingeniero observa el paisaje

sesenta años
entre una floración y otra

las copas de los álamos
permiten ver el bosque

brindemos por la agronomía
para tomar del humo una señal

el incendio ha terminado

frio nos buracos do cajado

respiro
através do canal aberto da cana

dou
com meu branco
móvel

volto

13
apenas o grilo das brasas
ilumina seu rosto

de pé
o Engenheiro observa a paisagem

sessenta anos
entre uma floração e outra

as copas dos álamos
permitem ver a floresta

brindemos pela agronomia
para tomar da fumaça um sinal

o incêndio está terminado

PAULA JIMÉNEZ ESPAÑA (1969)

LA EMPERATRIZ

Yo soy la tierra,
las líneas repetidas del segundo hexagrama
la redondez compacta, el círculo de hormigas
el reptar de lombrices apretadas circundando mi ombligo.
Lo excipiente abona mis entrañas,
es resto del amor
lo que secreta el goce cuando llega a su fin
y el corazón se vuelve
a su propio destino solitario.
Nada me saca el don de concebir y si estoy seca
voy a crear el llanto
nutrido de las sales del océano, las lágrimas: mis hijas.
Capaz de rapiñar,
declarar guerras, matar para cuidarlas
o proteger esta matriz que crece
debajo de mi vestido azul, como la noche. Esta matriz
que es molde
de la especie, de la raza imponiéndose a la raza.
Adentro mío, dios
hierve como una bruja en una olla, porque yo soy la tierra
y estoy para quemar su frío, el nombre hueco
la madera hecha cruz, el poder de su cielo disgregado.
Soy la concentración.
Estoy para que adentro
de mí se originen volcanes, la erupción insensata.
Y soy también
mi propia rajadura, por donde caigo, hermafrodita
y llena, para gestarme.

PAULA JIMÉNEZ ESPAÑA (1969)

A IMPERATRIZ

Eu sou a terra,
as linhas repetidas do segundo hexagrama
a redondeza compacta, o círculo de formigas
o rastejar de vermes tensos circundando meu umbigo.
O excipiente fertiliza minhas entranhas,
é o resto do amor
o que secreta o gozo quando chega a seu fim
e o coração se volta
para o seu próprio destino solitário.
Nada me tira o dom de conceber e se estou seca
vou criar o pranto
nutrido pelos sais do oceano, as lágrimas: minhas filhas.
Capaz de rapinar,
declarar guerras, matar para cuidar delas
ou proteger esta matriz que cresce
debaixo do meu vestido azul, como a noite. Esta matriz
que é molde
da espécie, da raça impondo-se à raça.
Dentro de mim, deus
ferve como uma bruxa em uma panela, porque eu sou a terra
e eu vou queimar seu frio, o nome oco
madeira feita em cruz, o poder do seu céu desintegrado.
Eu sou a concentração.
Estou para que dentro
de mim originem vulcões, a erupção insensata.
E sou também
minha própria rachadura, por onde caio, hermafrodita
e plena, para me gestar.

Es mi poder de magma: el invencible.
Engendro los berridos y la materia que se multiplica
porque soy primavera
la exultante de todo florecer
y me opongo al vacío, a su árbol despojado
al desierto arrasado de excrecencias. Si la esterilidad
gana esta guerra, si gana esa semilla híbrida, el no espacio,
lo que sigue es retorno. En mi vientre
albergo lo que sea, lo que quede, para otra vez crear
un movimiento de gusanos milenarios ovando entre los huesos
el aserrín de las generaciones, el olor hediondo de lo inmenso
convertido en pasado y desazón.
Yo soy la tierra y soy
los ojos ciegos húmedos
los ojos apretados contra el suelo, la puja

del cuerpo acuclillado a la orilla del río. Miren los peces
salir de entre mis piernas, nadar bajo el agua cristalina
y rozarse uno al otro
para reproducir solo un destino, un futuro de espejos
que estallarían si
otra vez un big bang, pero inverso y centrífugo,
me tragara de pronto, atropellada
por sus siete jinetes de ceniza.
No lo dudo: después
suave como una brisa volvería a ser brote de jarilla en la arena
micromundo escondido, la proteína
que alimenta a las raíces invisibles.
No se queden tranquilos.
Sientan mi aliento verde abriéndose al oxígeno,
tiene la fuerza total de las catástrofes.

É o meu poder de magma: o invencível.
Eu gero os berros e a matéria que se multiplica
porque sou primavera
a exultante de todo florescer
e me oponho ao vazio, a sua árvore despojada
ao deserto devastado por excrescências. Se esterilidade
vence esta guerra, se ganha essa semente híbrida, o não espaço,
o que segue é retorno. Em meu ventre
abrigo tudo que seja, que fica, para outra vez criar
um movimento de vermes milenares desovando entre os ossos
a serragem das gerações, o cheiro fétido do imenso
convertido em passado e desconforto.
Eu sou a terra e sou
os olhos cegos e úmidos
os olhos pressionados contra o solo, a contração

do corpo de cócoras na margem do rio. Olhem os peixes saírem
de entre as minhas pernas, nadarem sob a água cristalina
e esfregando um ao outro
para reproduzir apenas um destino, um futuro de espelhos
que explodiriam se
novamente um big bang, mas inverso e centrífugo,
me tragar de repente, atropelada
por seus sete cavaleiros de cinzas.
Eu não duvido: depois
suave como uma brisa seria um broto de jarilla na areia
micromundo oculto, a proteína
que alimenta as raízes invisíveis.
Não fiquem tranquilos.
Sintam minha respiração verde se abrindo ao oxigênio,
tem toda a força das catástrofes

*

LA RUEDA DE LA FORTUNA

Preferiría ser quien gira con la vida
y no la vida alrededor de mí.
Fui rayo de madera
en el circuito, el vértigo que asoma
hacia el futuro. No soy presente
sino la impermanencia que define a la suerte,
a la fortuna
y va de mano en mano.
No tengo nada,
como El carro también soy el vehículo
de lo que dura poco y nunca sabe
qué es. ¿Ángel o cerdo? ¿el cielo o el chiquero?
¿qué te toca? Arriba es como abajo, como es
adentro será afuera
pero yo
soy el tránsito, quien escupe a la mesa
la bolilla y sigue con sus vueltas.
No conozco el descanso. Mis días
no son el manso espejo
del agua de La estrella, sino un torrente
de sangre impersonal, el corazón de un dios
que nunca cede. Hacia adelante voy
como va el viento
dando luz a la sombra o compensando
dolor con alegría
y su reverso. Aunque me impulsa
el centro de los centros, el único engranaje
de todo lo que existe, yo soy quien sirve,

*

A RODA DA FORTUNA

Eu prefiro ser aquela que gira com a vida
e não a vida ao meu redor.
Fui um raio de madeira
no circuito, a vertigem que paira
para o futuro. Não sou presente
mas a impermanência que define a sorte,
a fortuna
e vai de mão em mão.
Não tenho nada,
como O carro também sou o veículo
do que dura pouco e nunca sabe
o que é. Anjo ou porco? O céu ou o chiqueiro?
Qual é a sua vez? Acima é como abaixo, como é
dentro será fora
mas eu
sou o trânsito, quem cuspe na mesa
a bola e continua com as suas voltas.
Não conheço o descanso. Meus dias
não são o espelho manso
da água d'A estrela, mas uma torrente
de sangue impessoal, o coração de um deus
que nunca cede. Estou indo em frente
como o vento está indo
dando luz à sombra ou compensando
dor com alegria
e seu reverso. Embora isso me impulsione
o centro dos centros, a única engrenagem
de tudo que existe, eu sou aquela que serve,

humilde en mi labor, pero también
la plenitud que pronto se termina.
Jamás seré
la Reina estacionaria
sobre el trono, ni la magnánima
Papisa sabiendo más que el libro
que ostenta entre sus manos.
Lo mío es el obraje, la que alisa
el camino de tierra con su paso
para que todo siga
cambiante, pero igual
sobre el vaivén perpetuo. Con mis dos caras
de luna soy la que crece
y decrece según ese tesoro
que puede ser marea, amor o río.
Si nada es mío, y soy
casi la única cosa
de un camino repleto de figuras
humanas e inhumanas, yo soy la diferencia.
Y es a partir de mí
que el oleaje inmenso se convierte
en lengua imperceptible
sobre el blanco brilloso de la orilla o el solitario
encuentra compañero. Soy dócil al influjo
del azar, que es un orden sin dueño.
No espero nada. Mi trabajo es andar,
y yo obedezco.

humilde no meu trabalho, mas também
a plenitude que logo termina.
Jamais serei
a Rainha estacionária
no trono, nem a magnânima
Papisa sabendo mais do que o livro
que ostenta entre as mãos.
O meu é o obraje, aquele que suaviza
o caminho de terra com o seu passo
para que tudo continue
mudando, mas igual
sobre o vaivém perpétuo. Com minhas duas faces
de lua sou a que cresce
e decresce segundo esse tesouro
que pode ser maré, amor ou rio.
Se nada é meu, e eu sou
quase a única coisa
de um caminho repleto de figuras
humanas e desumanas, eu sou a diferença.
E é a partir de mim
que o imenso redemoinho se torna
em linguagem imperceptível
sobre o branco brilhante da costa ou o solitário
encontra companheiro. Eu sou dócil à influência
do azar, que é uma ordem sem um dono.
Não espero nada. Meu trabalho é andar,
e eu obedeço.

MERCEDES DÍAZ ARAUJO (1972)

Una mujer y una perra
corran bajo la luz
del sol tibio del invierno
todos diremos
el animal terrestre
más bello del barrio
cuando en travesía
las veamos pasar

es que el zarandeo
acompasado beneficia
la justa armonía de los lomos
y esas melenas reunidas
parecen
de un león bifronte
una negra manchada y cana
la otra bermellón
como el cielo en la pampa

dos lobas
que avanzan al amparo
del montón de primos
y se reconocen
a la primera husmeada.

Esta perra tan vieja
no la reconocerías
— has llorado —
no me oye ni salta ni ladra.

MERCEDES DÍAZ ARAUJO (1972)

Uma mulher e uma cadela
corram sob a luz
do sol tíbio de inverno
todos diremos
é o animal terrestre
mais belo do bairro
quando em travessia
as vemos passantes

é que o vai-vem
compassado beneficia
a justa harmonia dos lombos
e as cabeleiras reunidas
parecem
de um leão bifronte
uma negra manchada e cinza
a outra vermelhona
como o céu no pampa

duas lobas
que avançam ao amparo
do monte de primos
e se reconhecem
à primeira fungada.

Essa cadela tão velha
você não reconheceria
— tem chorado —
não me ouve, não pula nem late.

Es cierto, puede ser
que el ritmo de la marcha
cambie con los años
y las estrategias
se vuelvan lentas
los sueños breves
pero formar así
un par tan diverso
o ser parientes
sin haberse dicho
una palabra
en la vida entera
y andar mezcladas
una en otra
como se enreda
en la bondad la firmeza.

Corran bajo la luz
de la tarde del invierno
yo las miraré venir
tan idénticas: una
con ecuaciones en la cabeza
y otra, en el festejo cabal
de la carne cruda.

Corran que a todos nos gusta
esta vida mientras más
se parece
al canto de la sangre
cuando destella

bajo la luz dorada salten

É verdade, pode ser
que o ritmo da marcha
mude com os anos
e as estratégias
se tornem lentas
os sonhos breves
mas formar assim
um par tão diverso
ou ser parentes
sem ter dito
uma palavra
a vida inteira
e andar mescladas
uma na outra
como se enreda
na bondade a firmeza.

Corram sob a luz
da tarde de inverno
eu vou assisti-las vir
tão idênticas: uma
com equações na cabeça
e outra, no festejo cabal
da carne crua.

Corram que a todos agrada
esta vida enquanto mais
se parece
ao canto do sangue
quando cintila

sob a luz dourada saltem

los alambrados
a ciegas
galopen

dos furias en una.

*

Inviernos fríos y gélidos
como cristales
el cuerpo recibe
el calor
de esa selva
que a fogonazos
nos crece dentro
y ofrece lluvias, lianas
y parásitas
tantas que hacen
del jardín dormido rosaleda
prado, huerta
vega, edén
oí
bajo la escarcha
cómo maúlla, croa y ruje
este vergel.

Es la estación milagrosa:
las noches y los días se salvan
acariciando el hielo.

Estrujo ramas, alzo jarillas
y alimento

os alambrados
à cegas
galopem

duas fúrias em uma.

*

Invernos frios e gélidos
como cristais
o corpo recebe
o calor
dessa selva
que em flashes
cresce dentro de nós
e oferece chuvas, lianas
e parasitas
que fazem do jardim dormente
um lugar cheio de rosas
prado, pomar
vega, eden
ouvi
sob a geada
como mia, coaxa e ruge
este pomar.

É a estação milagrosa:
as noites e os dias salvam-se
acariciando o gelo.

Eu espremo ramos, levanto jarillas
e comida

un fueguito miserable
hasta sacarlo infierno.

Los tallos flacos
reflejan juncales carnosos
y bailan frenéticos.
Así es el fuego

parece que ocurre
en el centro ardiente
de la combustión luminosa
pero es en los bordes
allí
devora
crece
y se alza.

*

Habrá que rendirse al extravío
rezar al sol y andar
sin miedo
también es posible estar
aquí
y al fin irse
como quien no estuvo
ni surcó
este Kraken plateado.

Viajar es como jurar
siempre es posible
hacerlo en vano.

um foguinho miserável
para fazê-lo inferno.

Os talos magros
refletem juncos carnudos
e bailam frenéticos.
Assim é o fogo

parece que ocorre
no centro ardente
da combustão luminosa
mas está nas bordas
ali
devora
cresce
e se levanta.

*

Teremos que nos render ao extravio
rezar ao sol e andar
sem medo
também é possível estar
aqui
e ao fim sair
como quem não estava
nem navegou
este Kraken prateado.

Viajar é como jurar
 sempre é possível
 fazê-lo em vão.

VALERIA CERVERO (1972)

la utopía de hablar por *Otros*

VOS
ES

: el**quién**fuera
de los
silencieros.

apresada
quietud

no es la   HISTORIA

: letra y cicatriz
de los perdidos de las orillas

la utopía

: habla
río

mientras
des
y
aparecidos

VALERIA CERVERO (1972)

a utopia de falar por *Outros*

VOCÊ
É

: o**quem**fora
dos
silenciados.

apressada
quietude

não é a   HISTÓRIA

: letra e cicatriz
dos perdidos das margens

a utopia

: fala
rio

entre
des
e
aparecidos

y la Voz
            no sólo:
      la car
            neahí

      la de todos
                doloresellos
      en mitocuerpo

            e   **VA**

sin el miedo
de   ser
            nosOtros
ni de cargar el nombre de los muertos

            E   **sa**
                  la aparecida
                  por los cuatro vientos
            entierra

VITA

            la gran diosa
            pequeñaidea del
            paratodos

                    e a Voz
                          não só:
                  a car
                          neaqui

                a de todos
                          doreselos
                em mitocorpo

                    e   **VA**

        sem o medo
        de   ser
                  nosOutros
        nem de carregar o nome dos mortos

                    E   ssa
                        a aparecida
                        pe los quatro ventos
                    enterra

        VITA

                    a gran diosa
                    pequenaidea do
                    paratodos

madre
patria

part
ir

de   mar
enmar
par
ir

par ti da
dar
marada

madre
matria

m
arar

ma
tri   a
da

ma
m   a   r   i   r

madre
pátria

part
ir

de   mar
emmar
par
ir

par ti da
dar
marada

madre
mátria

m
arar

má
tri   a
da

ma
m   a   r   i   r

Patria

Uni………**Dos**

utopAtria

n

o

ca

dá

ver

silapatria: el futuro

que dan   PA
cuerpos   que RE fundenLA
(pos   SIS
los **cuerpos**)   TEN
                                              BRA

frente   a

cuerpos

Pátria

Uni..........**Dos**

utopÁtria

n
ã
o

ca
dá
ver

seapátria: o futuro

<pre>
        que dam   PA
        corpos   que RE fundemLA
(pos   SIS
os **corpos**)   TEN
                                   BRA
          frente   a

        corpos
</pre>

CLAUDIA MASIN (1972)

TOMBOY

Yo no sé cómo se hace para andar por el mundo
como si solo hubiera una posibilidad para cada cual,
una manera de estar vivos inoculada en las venas durante la niñez,
un remedio que va liberándose lentamente en la sangre
a lo largo de los años igual que un veneno
que se convierte en un antídoto
contra cualquier desobediencia que pudiera
despertarse en el cuerpo. Pero el cuerpo no es
una materia sumisa, una boca que traga limpiamente
aquello con que se la alimenta. Es un entramado
de pequeños filamentos, como imagino que son los hilos
de luz de las estrellas. Lo que nunca podría
ser tocado: eso es el cuerpo. Lo que siempre
queda afuera de la ley cuando la ley es maciza
y violenta, una piedra descomunal cayendo
desde lo alto de una cima,
arrasando lo que encuentra. ¿Cómo pueden entonces
andar tan cómodos y felices en un cuerpo, cómo hacen
para tener la certeza, la seguridad de que son eso: esa sangre,
esos órganos, ese sexo, esa especie? ¿Nunca quisiste
ser un lagarto prendido cada día del calor del sol
hasta quemarse el cuero, un hombre viejo, una enredadera
apretándose contra el tronco de un árbol para tener de dónde
sostenerse, un chico corriendo hasta que el corazón
se le sale del pecho de pura energía brutal,
de puro deseo? Nos esforzamos tanto
por ser aquello a lo que nos parecemos. ¿Nunca
se te ocurrió cómo sería si en lugar de manos tuvieras garras

CLAUDIA MASIN (1972)

TOMBOY

Eu não sei como se faz para andar pelo mundo
como se houvesse apenas uma possibilidade para cada um,
uma maneira de estar vivo inoculada nas veias durante a infância,
um remédio que lentamente se libera no sangue
ao longo dos anos como um veneno
que se torna um antídoto
contra qualquer desobediência que pudesse
despertar no corpo. Mas o corpo não é
uma matéria submissa, uma boca que engole limpa
aquilo que a alimenta. É uma trama
de pequenos filamentos, como imagino são os fios
de luz das estrelas. O que nunca poderia
ser tocado: isso é o corpo. O que sempre
está fora da lei quando a lei é sólida
e violenta, uma pedra descomunal caindo
do topo de uma montanha,
devastando o que encontra. Como eles podem então
andar tão confortáveis e felizes em um corpo, como fazem
para ter a certeza, a segurança de que são isso: esse sangue,
esses órgãos, esse sexo, essa espécie? Nunca quis
ser um lagarto largado em cada dia de calor do sol
até queimar o couro, um homem velho, uma videira
pressionando-se contra o tronco de uma árvore para ter
de onde se sustentar, um menino correndo até que o coração
lhe sai do peito de pura energia brutal,
de puro desejo? Nos esforçamos tanto
para sermos o que parecemos. Nunca
ocorreu-lhe como seria se em vez de mãos tivesse garras

o raíces o aletas, cómo sería
si la única manera de vivir fuera en silencio o aullando
de placer o de dolor o de miedo, si no hubiera palabras
y el alma de cada cosa viva se midiera
por la intensidad de la que es capaz una vez
que queda suelta?

*

LA VENGANZA

Hay quienes se dedican a romper y hay quienes reparan,
me decías. A veces las cosas son así de simples. En el medio,
todos los matices, incluso uno
que desconcierta: quien sólo conoce el daño,
alguna vez, aunque sea por error, repara. Y viceversa.
Me hablaste de un médico, en un lugar
remoto del África, al que llaman el arregla-mujeres: su tarea
es remendar a las mujeres violadas. Reconstruye los tejidos,
une, cose, con una extraña y femenina
paciencia, los cuerpos deshechos.
La mayoría de las mujeres es llevada a él varias veces
en sus vidas, algunas vuelven
llevando a sus hijas. Son un trofeo de guerra y mutilarlas
es parte del privilegio
del guerrero, la demostración de fuerza del vencedor
hacia el vencido. ¿Cómo detener la rueda
que lleva del dolor hacia el dolor, la misma
que conocemos desde que sentimos la primera
punzada de injusticia, la que nos hace desear la mutilación
y la muerte de quien mata y mutila? ¿Cómo se hace
para ser quien cura lo que la propia peste y la ajena
contaminan? ¿Cómo esquivar el ramalazo

ou raízes ou barbatanas, como seria
se a única maneira de viver fosse em silêncio ou uivando
de prazer ou dor ou medo, se não houvesse palavras
e a alma de todo ser vivente se medisse
pela intensidade de que é capaz uma vez
que está solta?

*

A VINGANÇA

Há aqueles que se dedicam a romper e há aqueles que reparam,
me dizia. Às vezes as coisas são assim tão simples. No meio,
todos os matizes, mesmo um
que desconcerta: quem só conhece o dano,
alguma vez, mesmo por engano, conserta. E vice-versa.
Você me contou sobre um médico, em um lugar remoto
da África, que é chamado de conserta-mulheres: sua tarefa
é remendar mulheres estupradas. Reconstrói os tecidos,
une, costura, com uma estranha e feminina
paciência, os corpos desfeitos.
A maioria das mulheres é levada para ele várias vezes
em suas vidas, algumas retornam
levando suas filhas. Elas são um troféu de guerra e mutilá-las
faz parte do privilégio
do guerreiro, a demonstração de força do vencedor
para o vencido. Como parar a roda
que leva da dor à dor, a mesma
que sabemos desde que sentimos a primeira
pontada de injustiça, aquela que nos faz desejar a mutilação
e a morte daquele que mata e mutila? Como se faz
para ser quem cura o que a própria peste e a peste alheia
contaminam? Como evitar a picada

de odio que, como un viento que se levanta de repente,
nos convierte en lo mismo
que combatimos? Yo no sé la respuesta y hay preguntas
que producen en el pecho un estallido: dejan un cráter,
un extenso territorio vacío donde puede crecer
un tallo pequeñísimo después de muchos días
o puede no crecer nada, nunca, más que el brote
de una violencia infinita, que no va a detenerse
en su objeto, que va a irradiar hasta que lastime
incluso a quien ya ha sido víctima
de una violencia parecida. Habría que empezar de nuevo,
aprender a tocar las cosas, las personas
como aprendimos de niños. Pero en lugar del gesto
de apropiación, de la creciente codicia,
¿podría haber un modo, un modo que no existe todavía,
de tocarnos sin provocar una herida que va a llevar mucho
tiempo sanar, la vida entera, sin garantías de que esa restitución
sea posible? Que sea posible sin embargo, pido,
apenas eso: no causar más dolor que el que ya existe,
ante todo no dañar, como decían
los primeros médicos de la tribu.

*

ESTEROS

En otros tiempos, a los animales de los esteros
se los salía a cazar en el relumbre de la siesta,
el acero del sol y de las armas caía a pique
sobre el agua quieta. Ahora
se los deja vivir, como una concesión graciosa, un don
que el poderoso le otorga a su sirviente. Los yacarés
pueden salir, como nosotros,

de ódio que, como um vento que de repente se levanta,
nos converte no mesmo
que combatemos? Eu não sei a resposta e há perguntas
que produzem uma explosão no peito: deixam uma cratera,
um vasto território vazio onde pode crescer
um caule minúsculo depois de muitos dias
ou pode não crescer nada, nunca, mais do que o surto
de uma violência infinita, que não vai parar
em seu objeto, que vai irradiar até doer
até para alguém que já foi vítima
de uma violência semelhante. Teria que começar de novo,
aprender a tocar coisas, as pessoas
como aprendemos quando crianças. Mas em vez do gesto
de apropriação, de avareza crescente,
poderia haver um modo, um modo que ainda não existe,
para nos tocar sem causar uma ferida que vai demorar muito
tempo para curar, a vida inteira, sem garantias de que
restituição seja possível? Que seja possível, no entanto, peço,
apenas isso: não causar mais dor que a que já existe,
antes de tudo para não fazer dano, como diziam
os primeiros médicos da tribo.

*

PANTANAIS

Em outros tempos, os animais dos pantanais
saíam para caçar no brilho da sesta,
o aço do sol e as armas caíam a pique
sobre a água parada. Agora
se os deixa viver, como uma concessão graciosa, um dom
que o poderoso outorga ao seu servo. Os jacarés
podem sair, como nós,

a tumbarse el día entero en el calor, lagartos viejos
y cansados que soportan mansamente
el peso de los pájaros que se montan en su cuero antes
de levantar vuelo de nuevo. Las pirañas,
como buenas criaturas furtivas e implacables,
se arremolinan en torno a los cardúmenes a esperar
sin ansiedad que caiga la presa. Se les ha perdonado la vida
a los zorros grises, a las corzuelas, está prohibido
divertirse a expensas de su terror y de su intento
desesperado e inútil de camuflarse en la maleza. Vos y yo
fuimos criaturas salvajes que no corrieron la misma suerte:
solo al resguardo de la mirada ajena
pudimos andar al aire libre sin que una mordedura
insidiosa, inesperada, nos arrancara
la alegría del cuerpo. No teníamos miedo, sin embargo.
Rapiñábamos el alimento que nos era negado,
corríamos como locos
huyendo del tiempo que ya estaba llegando,
el tiempo en que seríamos separados por la ley que determina
que las únicas pasiones posibles entre dos chicos
— o dos hombres —
son la saña, la ira, la violencia. ¿Cómo fue que escapamos,
qué descuido del cazador nos dejó libres,
cómo fue que en el pecho sobrevivió un amor
certero como la piedra que podría
habernos derribado de un solo tiro?
Yo no sé cómo hacemos las personas
que no estábamos destinadas a existir
para mantenernos vivos. Quizás por la fuerza
irreprimible que se produce al reunirnos,
al dejar de ser cada uno
la bestia solitaria, única en su especie, que nació preparada
desde su nacimiento para ser extinguida.

deitar-se o dia inteiro no calor, lagartos velhos
e cansados que suportam mansamente
o peso dos pássaros que andam em seu couro antes
de levantar voo novamente. As piranhas,
como boas criaturas furtivas e implacáveis,
pululam em volta dos cardumes para esperar
sem ansiedade que a presa caia. A vida foi perdoada
para as raposas cinzentas, para as corças, é proibido
divirta-se à custa de seu terror e sua tentativa
desesperada e inútil de camuflar-se no mato. Você e eu
fomos criaturas selvagens que não tiveram a mesma sorte:
só ao resguardo do olhar alheio
pudemos caminhar ao ar livre sem uma mordida
insidiosa, inesperada, a nos arrancar
a alegria do corpo. Não tínhamos medo, no entanto.
Rapinávamos o alimento que nos era negado,
corríamos como loucos
fugindo do tempo que já estava chegando,
o tempo em que seríamos separados pela lei que determina
que as únicas paixões possíveis entre dois meninos
— ou dois homens —
são o ódio, a raiva, a violência. Como nós escapamos?
que descuido do caçador nos deixou livres
como foi que um amor sobreviveu no peito
certeiro como a pedra que poderia
nos derrubar com um único golpe?
Eu não sei como fazemos as pessoas
que não estávamos destinados a ser
para nos manter vivos. Talvez pela força
irreprimível que produz quando nos encontramos,
para deixar de ser cada um
a besta solitária, única de sua espécie, que nasceu pronta
desde o seu nascimento para ser extinguida.

CARLOS ALDAZÁBAL (1974)

GUACAMAYO

Tu máscara está pintada como un guacamayo:
eso te hace hablar más de la cuenta, y ese murmullo,
atrapado en la máscara, suele ser encantador.

A veces tu máscara alucina en la noche
como una balada irresistible entonada por hadas.
Otras veces, la presión del rojo la lleva a irradiar
un aire de vergüenza: es cuando yo acepto taparme la cara
con una bolsita de cartón, de ojos pintados y boca sonriente,
ideal para andar por una avenida transitada
                              sin ser percibido.

Sé que querés, pero yo no me atrevo a prestarte un espejo.
La ilusión es tan buena que aterra lo real,
como bien lo señala el verde de tu máscara.

Lo único que podría alterar tu escondite
es que tu máscara deje de ser máscara
para ser guacamayo. Y ahí te quiero ver:

vos sin máscara con una bolsita de cartón tapándote la cara,
paseando por la avenida con un guacamayo al hombro:
un aterrador efecto de realidad.

Pero por ahora tu guacamayo sigue siendo máscara
y te protege, incluso cuando caminás con ojos enamorados
y todas las bolsitas de cartón de la avenida
                              se dan vuelta para señalarte.

CARLOS ALDAZÁBAL (1974)

GUACAMAYO

Sua máscara está pintada como uma arara:
isso lhe faz falar a mais da conta, e esse murmúrio,
preso na máscara, geralmente é encantador.

Às vezes sua máscara alucina à noite
como uma balada irresistível entoada por fadas.
Outras vezes, a pressão do vermelho a leva a irradiar
um ar de vergonha: é quando eu aceito cobrir meu rosto
com uma sacola de papelão, olhos pintados e boca sorridente
ideal para caminhar por uma avenida movimentada
                         sem ser percebido.

Eu sei que quer, mas não me atrevo a lhe emprestar um espelho.
A ilusão é tão boa que aterroriza o real
como bem indica o verde da sua máscara.

A única coisa que poderia alterar o seu esconderijo
é que a sua máscara deixe de ser uma máscara
para ser uma arara. E ai eu quero ver:

você sem máscara com um saco de papelão cobrindo o rosto,
caminhando pela avenida com uma arara no ombro:
um efeito assustador da realidade.

Mas por enquanto sua arara ainda é uma máscara
e o protege, mesmo quando anda de olhos apaixonados
e todas as sacolinhas de papelão na avenida
                     se viram para cumprimentá-lo.

Esto es cosa sabida:

no basta un arco iris para tapar las nubes
ni una bolsita de cartón para morir
                con la sonrisa en la boca.

Por ahora tu guacamayo es tu máscara,
                y basta esa certeza.

*

KANDINSKY

La cuestión aquí es la despedida:
un pañuelito que se agita despacio
y una acequia por las mejillas.

Toda despedida es un pequeño luto,
como el negro de tu falda
o aquella tarde de domingo a la luz de la lluvia.

Algo de nostalgia también hay:
no por el pasado, sino por el futuro,
camino perdido entre malezas,
profecía que nunca ha de cumplirse.

Luego está la canción,
sea grillo, vals o chacarera,
candombe, acordeón o pajarito:

ruido impertinente que suena en el cerebro
sin que nadie lo llame,

Isto é sabido:

um arco-íris não é suficiente para cobrir as nuvens
nem um saco de papelão para morrer
                 com o sorriso em sua boca.

Por enquanto sua arara é sua máscara
                 e essa certeza é suficiente.

*

KANDINSKY

A questão aqui é a despedida:
um pequeno lenço que se move devagar
e um canal nas bochechas.

Toda despedida é um pequeno luto
como o preto da sua saia
ou aquela tarde de domingo à luz da chuva.

Há também algo de nostalgia:
não pelo passado, mas pelo futuro,
caminho perdido entre ervas daninhas,
profecia que nunca serão cumpridas.

Então surge a canção
seja grilo, valsa ou chacarera,
candombe, acordeão ou passarinho:

ruído impertinente que soa no cérebro
sem ninguém ligar,

justo cuando el pañuelo se agita
y las acequias desbordan
la lluvia, tu falda y el domingo.

La canción:

línea de fuga a lo Kandinsky
que pretende elaborar sus teorías
trazando una espiral:

punto en expansión por donde escapa el tiempo.

*

TIGRE

Felino sí.
Probablemente puma o simple gato:
la madera tallada no transmite verdades
y a un tigre de madera no se le ven dibujos.

Faltaría un pintor, alguien que con minucia
le decore el hocico, las patas, los costados,
para que la madera forme al tigre,
espejismo de rayas, pura voluntad de artesanía.

Luego sí, vendrá algún domador hecho de plomo:
acercará la silla, y al oído del tigre
escupirá verdades hasta formar la jaula.
Con un poco de alambre cubierto de algodones
construirá un gran aro para que el tigre salte
y el fuego lo consuma, como consume el fuego la madera.

justo quando o lenço se agita
e os canais transbordam
a chuva, a sua saia e o domingo.

A canção:

Linha de fuga a la Kandinsky
que pretende elaborar suas teorias
desenhando uma espiral:

ponto em expansão por onde o tempo escapa.

*

TIGRE

Felino sim.
Provavelmente puma ou simples gato:
a madeira entalhada não transmite verdades
e a um tigre de madeira não se vem os desenhos.

Se precisaria de um pintor, alguém que com minúcia
decore seu focinho, pernas, lombo,
de modo que a madeira molde o tigre,
miragem de listras, pura vontade de artesania.

Então, sim, virá um domador feito de chumbo:
aproximará a cadeira, e ao ouvido do tigre
cuspirá verdades até formar a jaula.
Com um fiozinho coberto de algodões
construirá um grande arco para o tigre saltar
e o fogo consumir, como consome o fogo a madeira.

¿Y si el tigre le ruge? ¿y si el tigre no salta?
¿si la silla se rompe y el domador tropieza?
¿y si el fuego perdona los colores del tigre
y se encarga del plomo y lo convierte en río,
y el tigre va y se baña, como hacen los tigres
que no son de madera, y se queda sin jaula?

¿Entonces se sabrán los dibujos del tigre?

¿O será por el agua, su devenir, sus ríos,
   que Heráclito hablará de las certezas?

E se o tigre lhe ruge? E se o tigre não salta?
Se a cadeira se rompe e o domador tropeça?
E se o fogo perdoar as cores do tigre
e se encarregar do chumbo e transforma em um rio,
e o tigre vai e se banha, como os tigres fazem
quando não são feitos de madeira e se vêem sem jaula?

Então se saberão os desenhos do tigre?

Ou será pela água, seu devir, seus rios,
  que Heráclito falará sobre certezas?

FERNANDO ARALDI OESTERHELD (1975)

1

El abismo inevitable para abrir los ojos

¿cuántos ángeles llovieron antes de que
se oscurezca el cielo?

Deseo entregado a la noche: que mi cuerpo sea mutilado,
que mi fuerza no tenga principio ni fin

y todo un temblor como un tiempo inacabado,
único, para mirar y existir, no hablar y que hable
la noche

2

Ahora, las últimas palabras anudadas a lo más
puro del amor, la última promesa para habitar
un paraíso que es de los otros

FERNANDO ARALDI OESTERHELD (1975)

1

O abismo inevitável para abrir os olhos

quantos anjos choveram antes de que
escureça o céu?

Desejo entregue na noite: que meu corpo seja mutilado,
que minha força não tenha princípio nem fim

e todo um tremor como um tempo inacabado,
único, para ver e existir, não falar e que fale
a noite

2

Agora, as últimas palavras entrelaçadas ao mais
puro do amor, a última promessa para habitar
um paraíso que é dos outros

Entonces sobre la mesa: flores, una fuente de corales
que alejados de su mar se hacen polvo y una cabeza sin vida
que mira con ojos de geisha

entonces antes de la pared:
cabellos trenzados con puntas en agujas, cortinas de seda
y un feto apoyado delicadamente sobre brazos envueltos
en papel de plata

Fotos,

antes de la vida, antes del primer rayo de lo azul
cuando algo oscuro era la vida

3

Se abre una puerta y desaparece
lo que respira

no hay jugo

Então sobre a mesa: flores, uma fonte de corais
que distantes do seu mar se fazem pó e uma cabeça sem vida
que olha com olhos de gueixa.

então antes da parede:
cabelos trançados com pontas espetadas, cortinas de seda
e um feto apoiado delicadamente sobre braços envoltos
em papel de prata

Fotos,

antes da vida, antes do primeiro raio do azul
quando algo escuro era a vida

3

Se abre uma porta e desaparece
o que respira

não tem suco

no hay semen

no hay nadie

cada lugar se contradice, por tanto fuego,
por tantos laberintos en espirales de huesos
que nos arrastran
para abajo hacia lo gris de la mirada

4

Tiempo de la fragmentación, por la fragmentación
de lo que se rompe apenas se traspasa el agua

"Yo soy, la dueña de los rosales"

para qué seguir muriendo
para qué más

não tem sêmen

não há ninguém

cada lugar se contradiz, por tanto fogo,
por tantos labirintos em espirais de ossos
que nos arrastam
para baixo do cinza do olhar

4

Tempo da fragmentação, pela fragmentação
do que se quebra apenas se transpassa a água

"Eu sou, a dona dos rosais"

para que continuar morrendo
para que mais

pero creo en vos como creo en el rastro tuyo

las letras de piedra,

y siempre no entender
cómo en su cruz la belleza se contiene
de hacer nido entre las sombras

mas acredito em você cómo acredito no seu rastro

as letras de pedra,

e sempre não entender
como na sua cruz a beleza se contém
de fazer ninho nas sombras

JULIA MAGISTRATTI (1976)

ORQUESTA MUNICIPAL

Un amor posesivo, incondicional, obtuso
hacía que una vez por semana
yo acompañara a mi madre
a los ensayos de la orquesta municipal.

Medía con eso mi admiración descomunal hacia ella,
mi devoto amor. Su poder de música en mí.

La había escuchado encargar por teléfono
violín, trompeta, redoblante, platillos
usados, pero en buen estado
dado el magro presupuesto estatal.
La flauta traversa, salió de sus ahorros.

El maestro, único director de orquesta en seiscientos kilómetros
a la redonda,
recorría los caminos de una provincia de tierras benignas
y mal administrada.
Los alumnos, hijos de trabajadores sin trabajo,
aspiraban a salir algún día de ese pozo,
todo lo que tenían era
un pueblo
y una bicicleta.

Detrás de la Cámara de Comercio
se improvisaba la sala de ensayos.
Los músicos se ponían en semicírculo.
Manos con tierra se posaban sobre los bronces lustrosos.

JULIA MAGISTRATTI (1976)

ORQUESTRA MUNICIPAL

Um amor possessivo, incondicional, obtuso
fazia que uma vez por semana
eu acompanhasse a minha mãe
nos ensaios da orquestra municipal.

Media com isso a minha admiração descomunal por ela,
meu devoto amor. Seu poder de música em mim.

Tinha escutado ela encomendar por telefone
violino, trompete, cases, pratos
usados, mas em bom estado
dado o curto orçamento estatal.
A flauta transversal saiu das suas economias.

O maestro, único diretor de orquestra em seiscentos quilômetros
ao redor,
percorria os caminhos de uma província de terras benignas
e mal administrada.
Os alunos, filhos dos trabalhadores desempregados,
aspiravam sair algum dia daquele buraco,
tudo o que tinham era
um vilarejo
e uma bicicleta.

Atrás da Câmara de Comércio,
se improvisava a sala de ensaios.
Os músicos se punham em semicírculo.
Mãos com terra pousavam sobre os bronzes lustrados.

Y rompían la semilla brotes que insistían en salir
pichones pariéndose del huevo
Era desprolijo como todo lo nuevo. Y las manos
del maestro ordenaban la corriente,
abanicaban el fuego.

Yo entendía que eso era desmesurado
por el brillo en los ojos de mi madre.
La vi llorar una tarde.
Y otra la vi inquieta, forzada.
Y ya no quise acompañarla más.
Hasta que se cerraron los estuches,
y entró el silencio con la prepotencia del silencio,

y entró el silencio
como un destino entra a una vida que estaba en otra cosa.

El maestro dejó de viajar, lo suspendieron.
A mi madre le cambiaron las funciones.
De los músicos nunca supe. Deben ser hombres
grandes hoy. Trabajadores con trabajo.
Padres de familia.
Deben tener, como antes,
un pueblo
y una bicicleta
y tal vez un auto
y tal vez jubilaron a sus padres
y deben tener las manos menos sucias.

Sólo sé de uno, el trompetista, macizo,
el que sonaba por encima de todos
mayúsculo.

E quebravam a semente brotos que insistiam em sair
passarinhos parindo-se do ovo.
Era descuidado como todo o novo. E as mãos
do maestro ordenavam a corrente,
abanavam o fogo.

Eu entendia que isto era desmedido
pelo brilho nos olhos da minha mãe.
A vi chorar uma tarde.
Em outra a vi inquieta, forçada.
Já não quis acompanhá-la mais.
Até que fecharam os estojos,
e entrou o silêncio com a prepotência do silêncio,

e entrou o silêncio
como um destino entra em uma vida que estava em outra coisa.

O maestro parou de viajar, o suspenderam.
Trocaram as funções da minha mãe.
Dos músicos nunca soube. Devem ser homens
feitos hoje. Trabalhadores com trabalho.
Pais de família.
Devem ter, como antes,
um vilarejo
uma bicicleta
e talvez um carro
e talvez se aposentaram os seus pais
e devem ter as mãos menos sujas.

Só sei de um, o trompetista, maciço,
o que soava mais que todos
maiúsculo.

Ese es mago.
Mago profesional.
Lo contratan en las fiestas de todos los pueblos vecinos.

*

LA GRIETA

Donde yo veía una grieta
un albañil me dijo "la casa ha trabajado".

Hay agujeros en las personas
sitios inhóspitos en los que no habitaría un pájaro.
Lugares sin abrigo adonde acude el lenguaje
con su instante en fuga,
su residuo desesperado.

"La vida ha trabajado", le digo,
y me observo las manos solas,
toco esta cabeza que por la madrugada escucha a los gallos
delatar la cartografía de un pueblo a oscuras.
Las ratas que hacen surcos para llegar a alguna parte.
Los alimentos que desovan en la oscuridad del estómago.

"El olvido ha trabajado", me digo,
y cierro los ojos que dan a otros ojos,
reúno los caminos que nos vieron pasar.
Como si alguna vez volviera la primera vez de todo,
y yo fuera una grieta que anda por el aire
y que aún
no encontró la casa.

*

Esse é mágico.
Mágico profissional.
O contratam nas festas de todos os vilarejos vizinhos.

*

A GRETA

Onde eu via uma greta
um pedreiro me disse "a casa tem trabalhado".

Há buracos nas pessoas
lugares inóspitos em que não moraria um pássaro.
Lugares sem abrigo onde acode a linguagem
com seu instante em fuga,
seu resíduo desesperado.

"A vida tem trabalhado", lhe digo,
e me observo as mãos sós,
toco esta cabeça que pela madrugada escuta os galos
denunciarem a cartografia de um vilarejo às escuras.
Os ratos que fazem valas para chegar a alguma parte.
Os alimentos que desovam na escuridão do estômago.

"O esquecimento tem trabalhado", me digo,
e fecho os olhos que dão em outros olhos,
reúno os caminhos que nos viram passar.
Como se alguma vez voltasse a ser a primeira vez de tudo,
e eu fosse uma greta que anda pelo ar
e que ainda
não encontrou casa.

*

PISAR TIERRA

Mi pie toca tierra
sabe que hay
animales, raíces, juguetes enterrados;
y la vida es todos los muertos,
sus deseos sueltos en este mundo
en la sábana al sol
en el caracol perpetuo en el tronco
en el gato ulceroso que cruza horizontal.

Todo cuanto quisieron
abandonado, viviendo solo:
                    una perla cae de un alhajero
                    repica en el suelo
                    se va poniendo lenta en el rincón,
                    se vuelve animal que puede huir
Y yo que comienzo,
oliendo a roca,
a hueso completo.

Deseos sueltos
caen en todos los lugares:
.

esas bolsas que encontrás en tus árboles,
pensamientos arrojados en tu patio,
el grillo prendido por su suerte,
el agua verde de las ranas,

las semillas que no ves,
las moscas lanzando humos;
todas son redes buscan quién.

PISAR TERRA

Meu pé toca a terra
sabe que há
animais, raízes, brinquedos enterrados;
e a vida é todos os mortos,
seus desejos soltos neste mundo
no lençol ao sol
no caracol perpétuo no tronco
no gato machucado que passa horizontal.

Tudo o que quiseram
abandonado, vivendo só:

                    uma pérola cai do porta-jóias
                    quica no chão
                    vai ficando lenta no canto,
                    volta a ser animal que pode fugir

E eu que começo,
cheirando a roca,
a osso completo.

Desejos soltos
caem em todos os lugares:

essas sacolas que encontra em suas árvores,
pensamentos lançados no seu quintal,
o grilo preso por sorte,
a água verde das rãs,

as sementes que não vê,
as moscas lançando fumaças;
todas são redes que buscam alguém.

SILVINA GIAGANTI (1976)

LAS MUJERES QUE ME VOLVIERON LOCA DE VERDAD

Las mujeres que más amé
las que me volvieron loca de verdad
las chicas con las que quise todo, escribían.

Mi mamá hizo hasta segundo grado y no
me miró los cuadernos ni pudo
colorear un mapa conmigo o ayudarme
en un ejercicio de contabilidad.

El colegio y casa eran
una cadena rota en mi cabeza.
Cada vez que la veía firmar algo,
el boletín de la primaria,
un documento en el banco,
notaba que lo hacía lentamente
como alguien recuperándose de un golpe.

Me pregunto si las mujeres que amé
las que me volvieron loca de verdad
las chicas con las que quise todo
fueron mi movilidad intelectual ascendente,

si elegir mujeres que escriben
es disimular eso que me falta
cada vez que las dejo
o que me dejan.

*

SILVINA GIAGANTI (1976)

AS MULHERES QUE ME DEIXARAM LOUCA DE VERDADE

As mulheres que mais amei
as que me deixaram louca de verdade
as garotas com quem quis tudo, escreviam.

Minha mamãe fez até o segundo grau e não
olhou meus cadernos nem pôde
colorir um mapa comigo ou me ajudar
em um exercício de matemática.

O colégio e a casa eram
uma cadeia quebrada na minha cabeça.
A cada vez que a via assinar algo,
o boletim escolar,
um documento em um banco,
percebia que ela o fazia lentamente
como alguém se recuperando de um golpe.

Me pergunto se as mulheres que amei
as que me deixaram louca de verdade
as garotas com quem eu quis tudo
foram minha mobilidade intelectual ascendente,

se escolher mulheres que escrevem
é dissimular isso que me falta
a cada vez que as deixo
ou que me deixam.

*

NO ERA FECHA RELIGIOSA

Me daba mucha vergüenza que mi papá se dejara puesta
la ropa de trabajo fuera de horario y anduviera
por ahí así vestido, la camisa, el pantalón azul de grafa,
yendo y viniendo por el barrio, tomándose colectivos
como si no supiera, o no se mereciera, usar otra cosa.
Una vez abrí la puerta de su pieza y lo encontré hablándole
        de cerca
a un cuadro con la imagen de Jesús, colgada
sobre el respaldo de la cama.
Le hablaba en susurros, la cara
pegada al marco, le había puesto unas ramas de laurel.
No era fecha religiosa.
Me pregunto qué le decía, porque conmigo no hablaba.
No se dio cuenta de que yo estaba ahí.
Hasta jubilarse se levantó a las 4.30 de la mañana, calentaba
        leche
en una taza de loza mientras le pegaba una barrida a la cocina.
A veces el ruido de las fibras de la escoba me despertaba
y lo miraba por la ventana esperando el colectivo para irse
        a trabajar.
Recuerdo que hacía fuerza para que llegara rápido,
así no pasaba frío
o algo raro en la calle.
Se colgaba de torres para soldar, y los fines de semana hacía
changas: revoques, pintura de interiores y frentes, arreglos
        de cortinas.
En la cancha, en una final, le grité un gol en la cara
porque somos de equipos diferentes.
Alguna vez me dijo que yo le gustaba como era porque
        me defendía

NÃO ERA DATA RELIGIOSA

Eu tinha muita vergonha que meu pai não tirava
a roupa do trabalho fora do horário e andava
por aí assim vestido, a camisa, a calça de operário azul,
indo e vindo pelo bairro, pegando ônibus
como se não soubesse, ou não merecesse, usar outra coisa.
Uma vez abri a porta do seu quarto e o encontrei
            falando perto
de um quadro com a imagem de Jesus, pendurada
sobre a cabeceira da cama.
Ele falava em susurros, a cara
colada na moldura, tinha posto nela folhas de louro.
Não era data religiosa.
Me pergunto o que dizia, porque comigo ele não falava.
Não se deu conta de que eu estava ali.
Até se aposentar se levantou às 4:30 da manhã, esquentava
            o leite
em uma xícara de louça enquanto varria a cozinha.
Às vezes o som das fibras da vassoura me acordava
e eu o via pela janela esperando o ônibus para
            ir trabalhar.
Me lembro que ele torcia para que chegasse rápido,
assim não passava frio
ou algo estranho na rua.
Se pendurava nas torres para soldar, e nos fins de semana
fazia bicos: reboques, pintura de interiores e exteriores,
            conserto de cortinas.
No campo, em uma final, gritei um gol na cara dele
porque torcemos por times diferentes.
Algum dia me disse que gostava de mim como eu era
            porque me defendia

de lo que él no pudo.
Ahora gano más que su jubilación y me da una vergüenza
enorme. Siempre me compró las mejores zapatillas, las
mejores ropas, la mejor gaseosa. Hace poco fui a su casa
y me llevé la camisa Ombú
que ya no usa,
me empezó a gustar la tela y el color.

*

extraño empezar a tomar cerveza
a las 3 de la tarde, porro a las 4, sacarle
unos pesos del monedero a mi mamá.
todo el resto son ganas de ascender.
a mi papá le quisimos regalar
una máquina de cortar el pasto eléctrica
pero dijo que la manual andaba bien.
le armamos una parrilla y siguió
tirando una chapa en el piso para asar la carne.
en sus cumpleaños le comprábamos camisas
que nunca sacaba de la bolsa
yo quiero volver a sarandí,
sacar la silla y la neurosis afuera
los domingos, tomar soda de sifón
ver si el sol da como antes, sentarme
en el pasto donde están enterrados
mis animales muertos y un día
pegar unos cabezazos y que
a mí también se me termine todo.

*

do que ele não pôde.
Agora ganho mais que a sua aposentadoria e tenho uma
vergonha enorme. Sempre me comprou os melhores sapatos,
as melhores roupas, o melhor refrigerante. Faz pouco
tempo fui na sua casa e levei a camisa Ombú
que ele já não usa,
comecei a gostar do tecido e da cor.

*

sinto falta de começar a tomar cerveja
às 3 da tarde, fumar maconha às 4, pegar
uns trocados do moedeiro da minha mamãe.
todo o resto é vontade de ascender.
para o meu pai queríamos dar de presente
uma máquina de cortar grama elétrica
mas ele disse que a manual estava boa.
montamos uma churrasqueira e ele continuou
levantando uma tampa de ferro no chão para assar carne.
no seu aniversário comprávamos camisas
que ele nunca tirava da sacola
eu quero voltar a sarandí,
pôr a cadeira e a neurose pra fora
nos domingos, tomar soda de torneira
ver se o sol está como antes, sentar
na grama onde estão enterrados
meus animais mortos e um dia
cair na bebedeira e que
pra mim também se termine tudo.

*

no lo llamamos Tigrecito
cuando lo vimos sentado
sobre el techo de chapa del colegio
ese domingo de verano, las rayas
del pelaje vertical iluminadas
por un sol supremo.
ella y yo estábamos
abandonando el deshielo
de la última separación
tomando fuerzas para la próxima.
desayunábamos
panes, croissants, queso brie, café
con leche espumada con el batidor.
lo vimos caminar hacia nosotras
para llegar tenía que cruzar
dos terrazas tres barandas y un cableado
fino como un hilo para coser un botón.
ella me dijo: si cruza y llega me lo quedo.
hizo todo el recorrido y cuando tuvo
que saltar y caminar por el más fino, no pudo.
lo intentó como diez veces, ella y yo pensamos
que nadie había hecho tanto
para estar tan cerca nuestro.

não o chamamos Tigrinho
quando o vimos sentado
sobre o teto de alumínio do colégio
esse domingo de verão, as listras
do pelo vertical iluminadas
por um sol supremo.
ela e eu estávamos
abandonando o gegelo
da última separação
criando forças para a próxima.
tomávamos café-da-manhã
pães, croissants, queijo brie, café
com leite espumante batido.
o vimos caminhar até a gente
para chegar tinha que passar
dois terraços três corrimões e um cabeamento
fino como um fio de costurar botão.
ela me disse: se passa e chega até aqui eu adoto.
fez todo o caminho e quando teve
que saltar e caminhar pelo mais fino, não pôde.
tentou umas dez vezes, ela e eu pensamos
que ninguém tinha feito tanto
para estar tão perto da gente.

JAVIER FOGUET (1977)

NOTA

No te conozco y no me conoces
pero he dormido en tu cocina de piedra
al resguardo del hielo y de la niebla
y he quemado un poco de la reserva
de yareta (el único combustible
de que dispones a esta altura, lo sé)
y todavía mi ropa está impregnada
con su humo resinoso y tampoco
me perdono no haber tenido una ginebra
para dejarte bajo el techo tiznado
para las noches apenas más cálidas
y hondas que te tendrán aquí, de nuevo,
junto al olor de los pastos
y el goteo más decidido y saludable
de la vega.
Como me ha recomendado la gente
queme indicó tu puesto, he terminado
de apagar los tizones ahogándolos
con su propia ceniza y un poco de agua
que no se congeló durante la noche.

*

Viajo y me abandono
a la poesía. Como se dice
cuando todo va quedando atrás.
Amo el espacio
(la canción

JAVIER FOGUET ⁽¹⁹⁷⁷⁾

NOTA

Não o conheço e não me conhece
mas eu dormi na sua cozinha de pedra
protegido do gelo e da neve
e queimei um pouco da reserva
de gravetos (o único combustível
de que dispõe a esta altura, eu sei)
e ainda minha roupa está impregnada
com sua fumaça resinosa e tampouco
me perdoo por não ter um licor
para deixar-lhe debaixo do teto chamuscado
para as noites um pouco mais quentes
e fundas que lhe terão aqui, de novo,
junto ao cheiro dos pastos
e o gotejo mais decidido e saudável
do prado.
Como me recomendaram as pessoas
que me indicaram seu posto, terminei
de apagar os gravetos afogando-os
com a sua própria cinza e um pouco de água
que não se congelou durante a noite.

*

Viajo e me abandono
à poesia. Como se diz
quando tudo vai ficando para trás.
Amo o espaço
(a canção

que tarareo
y dejaré perderse)
y no hay argumentos
místicos de inmovilidad
— de culpabilidad que
sean más poderosos
que el extrañamiento con el paisaje.
(Yo tengo un tamaño,
el planeta tiene el suyo…)

*

MONTAÑA EN EL MAR

Para siempre tendré
contigo este coloquio.
¿Qué tiempo me sustraje
al hambre de paisaje?
Ya me gusta el olor
de la hierba, el color
futuro de tu pelo.
He entendido que quiero
sólo la poesía
donde no sé llegar.
La montaña en el mar.
Adoro todavía
tu voz cuando comienza
la canción. De qué modo
en ella me abandono!
También cuando termina
me ha perdido su tono,
su trazo en la neblina.

que cantarolo
e deixarei perder-se)
e não há argumentos
místicos de imobilidade
— de culpabilidade que
sejam mais poderosos
que o estranhamento com a paisagem.
(Eu tenho um tamanho
o planeta tem o dele…)

*

MONTANHA NO MAR

Para sempre terei
contigo este colóquio.
Que tempo me sustém
na fome da paisagem?
Já gosto do odor
da erva, da cor
futura do seu cabelo.
Entendi que quero
só a poesia
onde não sei chegar.
A montanha no mar.
Adoro ainda
sua voz quando começa
a canção. De que jeito
nela me abandono!
Também quando termina,
tenho perdido seu tom,
seu traço na neblina.

(Ahora llueve en el cerro.
Puede haber azucenas,
no lo sé, yerbabuena,
berro junto al arroyo;
entrecierro los ojos
en el bosque de hierbas.
Siento tus pies abrirse
camino en el rocío:
la lluvia toca todo
lo que quiero tocar...).
Es que no hay nada más
lejano que tu música
o el olor de estas rústicas
ramas...Esa es la trama
de nuestra silenciosa
conversación. La cosa
perdida vuelta a hallar.
La montaña en el mar.

*

UN TAL PLUMAS

¿Es justo, Plumas, decir que en los meses fríos
la luz es corpuscular
parece que no se posara nunca,
menos aún durante el breve intervalo
del crepúsculo civil;
o que no hay luz
sino pigmentos, salvajes,
y este conocimiento es tan valioso
que es como si el polvo desapareciera,

(Agora chove na serra.
Pode haver açucenas,
não sei, cidreiras,
agrião junto do córrego;
entrefecho os olhos
no bosque de ervas.
Sinto seus pés abrirem
caminho no nevoeiro;
a chuva toca tudo
o que quero tocar ...).
É que não há nada mais
distante que a sua música
ou o odor destes rústicos
galhos... Essa é a trama
da nossa silenciosa
conversa. A coisa
perdida volta a se achar.
A montanha no mar.

*

UM TAL PLUMAS

É justo, Plumas, dizer que nos meses frios
a luz é corpúscular
parece que não repousara nunca,
menos ainda durante o breve intervalo
do crepúsculo civil;
ou que não há luz
se não pigmentos, selvagens,
e este conhecimento tão valioso
que é como se o pó desaparecesse,

flotando incluso delante de nuestros ojos pintores?
¿Tierra terrena,
viso con que a sí mismos se ven los animales,
casa en el abismo
versiones de invierno?

*

RISE AND SHINE

Luz que has comenzado a romper
no eres bastante
para descubrir el interior de los árboles
y por eso te apreciamos, porque como nosotros
eres débil
y más fuerte que tú misma.

*

ESTROFA

Mucho tiempo ha pasado que escribía
sobre los árboles, la compañía
frecuente de mi mente, la poesía
de su ser exterior, su lejanía:
una brisa menuda al mediodía
sobre las copas...fuego verde...ardía...

flutuando diante dos nossos olhos pintores?
Terra terrena,
pico com que a si mesmos se vêem os animais,
casa no abismo
versões de inverno?

*

RISE AND SHINE

Luz que começou a irromper
não é bastante
para descobrir o interior das árvores
e por isso a apreciamos, porque como nós
é débil
e mais forte que você mesma.

*

ESTROFE

Muito tempo passou que escrevia
sobre as árvores, a companhia
frequente da minha mente, a poesia
do seu ser exterior, sua distância:
uma brisa pequena ao meio-dia
sobre as copas… fogo verde… ardia…

PAULA PEYSERÉ (1981)

TRIÁNGULO

¿por qué eres invertido?
¿por qué no eres normal?
¿son acaso tus humitos de hielo o calentura?
me dijeron
que dentro de la geometría todopoderosa y sola
el triángulo es la forma que apunta al cielo
y que, al invertirse, niega la luminosidad,
le corta el rostro a dios

*

ISIDORA VESCOVO

Conoció los placeres de la música y cantó.
Un día,
a causa de una traición,
su voz de delicadeza en trueno tornó.
Insultó desde la ventana,
con el viento,
dejó de alimentar a los caballos.
Partió a la montaña en busca de todo.
Cruzó el río desnuda.
Comió de lo que cruzaba.
Llegó a la montaña. Durmió
varios meses con sus noches.
Otro día bajó y regresó a su casa.
Enmudecida.
Curó 300 perros infectos.

PAULA PEYSERÉ (1981)

TRIÁNGULO

por que és invertido?
por que não és normal?
são por acaso suas fumacinhas de gelo ou calorão?
me disseram
que dentro da geometria todapoderosa e só
o triângulo é a forma que aponta o céu
e que, ao inverter-se, nega a luminosidade,
corta o rosto a deus

*

ISIDORA VESCOVO

Conheceu os prazeres da música e cantou.
Um dia,
por causa de uma traição,
sua voz de delicadeza se tornou trovão.
Insultou da janela,
com o vento,
deixou de alimentar os cavalos.
Partiu para a montanha em busca de tudo.
Atravessou o rio pelada.
Comeu o que encontrava.
Chegou à montanha. Dormiu
vários meses com suas noites.
Outro dia desceu e voltou para casa.
Emudecida.
Curou 300 cães infectados.

Escribió sus memorias
plagándolas de desgracia.
Dejó su ejemplo, misterioso.
Murió pobre.

*

ÍDOLO

estoy vidriada
caliente
mi ídolo está diciendo boludeces
voy a poner su estatuilla de frente mar contra la paré
es una estatuilla de madera de un negro
que sólo dice verdades
ya nadie lo soporta
veo mucha luz
estoy encandilada
cosmovidriada
me ciego
se salió la venda de mis ojos
y creo que fue mi mano

*

Una vez, de tanto poncho durante el día de setiembre
Sara decidió justo y necesario pegarse una ducha,
abandonar la tranquera o el escritorio,
dejarse influir una siesta.
La Señora Mercedes
hacía un té, porque la Alcira no estaba,
hacía de dueña con un té y con su amigo el cura párroco

Escreveu suas memórias
praguejando-as de desgraças.
Deixou seu exemplo, misterioso.
Morreu pobre.

*

ÍDOLO

estou vidrada
quente
meu ídolo está dizendo bobagens
vou colocar sua estatueta com o rosto contra a parede
é uma estatueta de madeira de um negro
que só diz verdades
ninguém já o suporta
vejo muita luz
estou deslumbrada
cosmovidrada
me cego
caiu a venda dos meus olhos
e acho que foi minha mão

*

Uma vez, de tanto poncho durante o dia de setembro
Sara decidiu justa e necessariamente tomar uma ducha,
abandonar a porteira ou a escrivaninha,
deixar-se influir uma sesta.
A Senhora Mercedes
fazia um chá, porque a Alcira não estava,
se fazia de dona com um chá e com seu amigo o padre paroquial

quien se refería a la eficacia del diablo sobre los úteros
como si recordara anécdotas de cabras,
con sorna de la muchachada que da rienda suelta al buitre,
a la patata y al amor de ingle
en una ribera, en un descuido atrás de algún yuyo,
después de alguna misa, los típicos cojederos.
El cura
—si de él hubiera dependido la administración de justicia—
quería aplicar el método de la cruz de cristo por excelencia,
no había digerido la hermosura de perdonar o entender
o apoyar
al sexo adolescente, a la libertad del vientre,
a la liebre que corre.
La señora Mercedes le servía más y más cucharadas
con la esperanza, pobre en su aristocracia,
del calor de dar amistad, una desmesura,
un pico de glucosa.
El padre, en su salsa, retribuía la invitación con autoridad de
monólogo y abuso:
arrebatado, predicaba subido a la mesa ratona
con sudor de ritmo y dedo erecto.
Mientras, Sara retozaba su estado de metáfora
—una irreverente preñez del Verso
exagerada por solemne y hermosa—
y en lugar de estirar la pata, una horita aunque sea
para aliviar el peso de la criatura,
tenía que torturarse el oído con los gritos hósticos
y comulgados
del padre venido a menos en su papelón.
Se levanta Sara
como quien recibe una llamada del destino, del sistema,
medio zombie aunque dentro de sus cabales narrativos

o que se referia à eficácia do diabo sobre os úteros
como se recordasse anedotas de cabras,
com zomba da garotada que da renda solta ao abutre,
à batata e ao amor da virilha
em uma ribeira, no descuido atrás de algum mato,
depois de alguma missa, os típicos inferninhos.
O padre
— se dele tivesse dependido a administração de justiça —
queria aplicar o método da cruz de cristo por excelência,
não tinha digerido a beleza de perdoar ou entender
ou apoiar
sexo adolescente, a liberdade do ventre,
a lebre que corre.
A senhora Mercedes lhe servia mais e mais colheradas
com a esperança, pobre em sua aristocracia,
do calor da amizade, uma desmedida,
um pico de glicose.
O padre, na sua onda, retribuia o convite com a autoridade de
monólogo e abuso:
arrebatado, predicava em cima da mesa de centro
com suor de ritmo e dedo ereto.
Enquanto isso, Sara jogava seu estado de metáfora
— uma irreverente gravidez do Verso
exagerada por solene e bela —
e em vez de esticar a perna, uma horinha ainda que seja
para aliviar o peso da criatura,
tinha que torturar-se o ouvido com os gritos hósticos
e comungados
do padre vindo a menos em seu papelão.
Se levanta Sara
como quem recebe uma chamada do destino, do sistema
meio zumbi ainda dentro dos seus travos narrativos

y con mano firme de macho madre decide
— por la apertura angosta del placard — armarse de
su Charlesville
sistema de chispa, modelo 1898
(la previsión de la catástrofe no está en juego cuando
de hijos se trata
y la travesía del mito le llega
tarde
que es como mejor se aprovechan los francos laborales
o estéticos).
Una tacita tiembla
y la mesa cruje desde minutos antes bajo el peso
del gordo en su sotana.
La señora Mercedes toma carta en el asunto
porque sabe del vilo histriónico pero honesto
que es el sueño ligero y frágil de Sara
— tampoco para decir narcolepsia, pero sí Leve disrupción —
y le sugiere al padre que se baje,
que se baje del volumen de su voz y del mueble.
El hombre tumultuoso se rasca la barbilla
sorprendido de que una dama cuestione su porte
pero — ¡orgullo negro, cruel ! — Sara Gallardo ya entró
como yegua sudada en Palermo, y mejor, en el monte;
ya entró y apunta con fuerza de Santa Bárbara en su rayo,
mastica entre dientes un proverbio de campo
acerca de la sabiduría para las cosechas o los modales
en el trabajo, y fuego.
Fuego contra el rosario del cura
que pierde la voz y el pecho en sangre,
un protagonismo en enero.

e com mão firme de macho mãe decide
— pela reduzida abertura do placar — armar-se do
seu Charlesville
sistema de faísca, modelo 1898
(a previsão da catástrofe não está em jogo quando
de filhos se trata
e a travessia do mito lhe chega
tarde
que é como melhor se aproveitam as folgas laborais
ou estéticas).
Um xicarazinha tilinta
e a mesa range há minutos antes sob o peso
do gordo na sua batina.
A senhora Mercedes assume o assunto
porque sabe do fio histriônico mas honesto
que é o sonho rápido e frágil de Sara
— pouco para dizer narcolepsia, mas sim Leve disrupção —
e sugere ao padre que se abaixe,
que baixe o volume da sua voz e do móvel.
O homem barulhento coça a barba
surpreso de que uma dama questione seu porte
mas — orgulho terrível, cruel! — Sara Gallardo já entrou
como égua suada em Palermo, e melhor, no monte;
já entrou e aponta com a força de Santa Bárbara em seu raio,
mastiga entre os dentes um ditado do campo,
sobre a sabedoria para as colheitas ou os modos
no trabalho, e fogo.
Fogo contra o rosário do padre
que perde a voz e o peito em sangue,
um protagonismo em janeiro.

FRANCO RIVERO ⁽¹⁹⁸¹⁾

PETY

a mí el campo me entró con el tabaco
por la nariz
después por las manos
la vista

hojas con venas
nunca había visto
las tocaba
como quien no ve
o no cree
en lo que ve

es tabaco
me dijo mamá
era la primera vez
que recuerdo llegar
a casa de la abuela
cuando la vi
ella tenía un cigarro
en la boca
y ese olor

fue como saludar a una planta
como si una planta
me saludara

años después
aún niño

FRANCO RIVERO (1981)

PETY

para mim o campo entrou com o tabaco
pelo nariz
depois pelas mãos
nas vistas

folhas com veias
nunca tinha visto
as tocava
como quem não vê
ou não crê
no que vê

é tabaco
disse minha mãe
era a primeira vez
que me lembro de ir
na casa da minha avó
quando a vi
ela tinha um cigarro
na boca
e esse cheiro

foi como saudar uma planta
como se uma planta
me saudasse

anos depois
ainda menino

toqué hojas de tabaco secas
el color era oscuro
las venas
estaban intactas

cuando fuimos a vivir
a casa de la abuela
ella me enseñó
a armar cigarros
lashoja más chica
son para hacer chripa
me decía

las colocábamos después
en una hoja más grande
tené que enliarle parejo
me repetía a cada rato
después me mostraba
cómo se pegaba con engrudo
el borde de la hoja
para que el cigarro
no se desarme

también me enseñó a fumar

me gustaba recorrer el campo
a pie
vicheando
buscando nidos
y una vez
encontré un murciélago
en el tronco de un árbol

toquei folhas de tabaco secas
a cor era escura
as veias
estavam intactas

quando fomos viver
na casa da avó
ela me ensinou
a enrolar cigarros
as folhas mais pequenas
são para fazer faísca
me dizia

as colocávamos depois
em uma folha maior
tem que apertar junto
me repetia de vez em quando
depois me mostrava
como se grudava com cola
a borda da folha
para que o cigarro
não se desarme

também me ensinou a fumar

eu gostava de andar pelo campo
a pé
avistando
buscando ninhos
e uma vez
encontrei um morcego
no tronco de uma árvore

había un hueco
y él estaba ahí
como escondido
metí la mano
lo toqué lo alcé
acaricié sus alas
fue como acariciar tabaco
alas como hojas con venas
hojas que son casi tela
hasta en el color
se parecían

me enamoré del murciélago
lo visitaba a diario
y a veces se lo llevaba a la abuela
para mostrarle sus alas
el parecido que había

qué cosa no
decía
no se animaba a tocarlo

anoche en caa catí
alguien sacó unos cigarros
como los de la abuela
después de cenar
el olor el color las venas
volvían a mí
la laguna era como un espíritu
de fondo

hubo guitarra

tinha um buraco
e estava ali
como se escondido
enfiei a mão
o toquei o ergui
acariciei suas asas
foi como acariciar tabaco
asas como folhas com veias
folhas que são quase pano
até na cor
se pareciam

me enamorei do morcego
o visitava diariamente
e às vezes o levava para minha avó
para mostrar-lhes suas asas
o parecido que era

que coisa não
dizia
não se animava a tocá-lo

à noite em *caa catí*
alguém pegou uns cigarros
como os da avó
depois de jantar
o cheiro a cor as veias
voltaram para mim
a lagoa era como um espírito
ao fundo

teve violão

acordeón
y cajón peruano
para variar
mi chamígo fabián fumaba
con nosotros
lo miraba y pensaba
no le falta nada para ser
de acá

allá volví a ver
manos morochas que
se parecen a esas hojas
de tela casi
con venas como caminos

me enamoro
de esas manos
el día que ame
él las tendrá así

*

viste que hay personas
que tienen el corazón como un hogar
que aún sin creer en la palabra
hogar
ese corazón te gusta

bueno
eso
así de simple

acordeão
e cajón peruano
para variar
meu chamigo fabián fumava
com a gente
o olhava e pensava
não falta nada para ele ser
daqui

lá voltei a ver
mãos pardas que
se parecem a essas folhas
de pano quase
com veias como caminhos

me apaixono
por essas mãos
o dia que ame
ele as terá assim

*

reparou que há pessoas
que tem o coração como um lar
que ainda sem acreditar na palavra
lar
esse coração lhe agrada

bom
isso
simples assim

MARCELO DÍAZ (1981)

LA LENTITUD

Cuando caían mandarinas en la plaza
mi madre me las traía en una canasta de mimbre;
la inocencia es lo más cercano
a la forma lírica que conozco.
Mi madre dejando migas en la ventana
para alimentar a los pájaros;
ahora me pierdo en el aire
al momento que ella regresa
con el resplandor mental
desde las hojas de los árboles.
Me acuerdo de un relato oriental
en el que un gorrión cae a un río congelado
y se hunde en el hielo.
Un día ella vio una estrella disolviéndose
y yo traté de adelantarme al estallido
pero llegué tarde,
y los gorriones dejaron de cantar.
Por eso pienso,
hay un segundo en que el tiempo se rehace:
los frutales, la plaza, la canasta de mimbre,
la estrella cayendo en una mañana helada.
Cada cosa regresa a su lugar de origen,
un estado parecido al de las flores
abriéndose en la misma luz;
y, no sé por qué, me pregunto
si existe un ideograma
para la palabra mandarina.
Qué dificultad podríamos tener

MARCELO DÍAZ (1981)

A LENTIDÃO

Quando caíam mexericas na praça
minha mãe me trazia em uma cesta de vime;
a inocência é o mais próximo
da forma lírica que conheço.
Minha mãe deixando migalhas na janela
para alimentar os pássaros;
agora me perco no ar
no momento que ela regressa
com o resplendor mental
das folhas das árvores.
Me lembro de um relato oriental
em que um pardal cai em um rio congelado
e se funde no gelo.
Um dia ela viu uma estrela dissolvendo-se
e eu tentei me adiantar ao estalido
mas cheguei tarde,
e os pardais deixaram de cantar.
Por isso penso,
há um segundo em que o tempo se desfaz:
os pomares, a praça, a cesta de vime,
a estrela caindo em uma manhã gelada.
Cada coisa regressa ao seu lugar de origem,
um estado parecido ao das flores
abrindo-se na mesma luz;
e, não sei porquê, me pergunto
se existe um ideograma
para a palavra mexerica.
Que dificuldade poderíamos ter

si uno de los dos desapareciera de nuevo
mientras el gorrión sigue cayendo
como un diamante en frío en el vacío
y yo perfecciono la ausencia;
quiero decir, el otro resplandor,
el círculo invisible de la pérdida.

*

NINJA

Te voy a explicar un momento
cómo es que sigo
sujeto a la Tierra
pasan los días
tengo algo entre los dedos
electricidad pura ¿ves?
como miles de rayos
hago todo bien
así me imagino la felicidad
¿qué experimentás ahora?
¿si viniera una tormenta
dónde guardarías
todas tus cosas? ¿y tu mente ?
¿diste muchas vueltas
antes de llegar hasta aquí?
yo quería por unos segundos
una higuera, una partecita tuya
en cada hoja
hubiese sido lo ideal
pero así como se mueven
los ángeles

se um dos dois desaparecesse de novo
enquanto o pardal segue caindo
como um diamante frio no vazio
e eu aperfeiçoo a ausência;
quero dizer, o outro resplendor,
o círculo invisível da perda.

*

NINJA

Vou lhe explicar um momento
como é que sigo
sujeito à Terra
passam os dias
tenho algo entre os dedos
eletricidade pura, percebe?
como milhões de raios
faço tudo bem
assim imagino a felicidade
que você experimenta agora?
se viesse uma tempestade
onde guardaria
todas as suas coisas? e sua mente?
deu muitas voltas
antes de chegar aqui?
eu queria por uns segundos
uma figueira, um pedacinho seu
em cada folha
seria o ideal
mas assim como se movem
os anjos

se mueven las cuerdas
de tu corazón, así.

*

EL JABALÍ

a Marcelo Bonyuan

Acribillado, dijiste, lo carnearon por la noche
hace una semana esperaste en el cruce
a un desconocido, querías poner a prueba
la felicidad pero de inmediato
el hombre huyó entre los pastizales
dañado desde antes. En
casa del ahorcado
— repetías como un mantra —
sólo se habla de la soga.
Ante lo que no tenemos el mundo representa
una tragedia, cuando trajiste el jabalí
no pensaste en la soga
sino en la persona que escapó.
Mejor sería que no existan animales
que no conocen la compasión,
la caza suelta al vacío ataduras
como las nuestras, todo lo que
procede de estas tierras muere
lo único que posibilita la vida
vale decir es que nos vamos deshaciendo
día a día en este cuerpo moribundo;
yo no sé si te será fácil andar
por los campos, nadie te dijo

se movem as cordas
do seu coração, assim.

*

JAVALI

ao Marcelo Bonyuan

Cravejado, você disse, o carnearam pela noite
faz uma semana você esperou na encruzilhada
a um desconhecido, queria pôr a prova
a felicidade mas de imediato
o homem fugiu nos pastos
danado desde antes. Em
casa de enforcado
— você repetia como um mantra —
só se fala da corda.
Diante do que temos o mundo representa
uma tragédia, quando você trouxe o javali
não pensou na corda
se não na pessoa que escapou.
Melhor seria que não existissem animais
que não conhecem a compaixão,
a casa solta no vazio ataduras
como as nossas, tudo o que
nasce nestas terras morre
o único que possibilita a vida
vale dizer é que vamos nos desfazendo
dia a dia neste corpo moribundo;
eu não sei se será fácil pra você andar
pelos campos, ninguém lhe disse

no entres en la niebla
porque más allá de la niebla
el fuego apenas sostenía tu llama.

*

MANDARINAS

a Moira Nardi

Nadie sabe cómo encender una llama en invierno
cuando la mente se aleja
consumida por el frío
¿Sabías? El corazón
de una golondrina late
a la velocidad de la luz
arrasando con todo a su paso.
Desorientado
creo en un poema abstracto
la doble hélice del abandono
cayendo en círculos
en un lugar con forma de pájaro.
Quisiera entender
el ciclo de la lírica, es decir:
No seré la llamarada
que anticipa tu voz
mientras crece
porque perdí el hilo
la imagen del mundo
Para encender una llama
hay que juntar las ramas del árbol
de tu corazón
sin motivo y después arder.

não entre na neblina
porque depois da neblina
o fogo apenas sustém sua chama.

*

MEXERICAS

a Moira Nardi

Ninguém sabe como acender uma chama no inverno
quando a mente se distancia
consumida pelo frio
Sabia? O coração
de uma andorinha pulsa
na velocidade da luz
arrasando com tudo à sua passagem.
Desorientado
crio um poema abstrato
a dupla hélice do abandono
caindo em círculos
em um lugar com forma de pássaro.
Queria entender
o ciclo da lírica, quer dizer:
Não serei a labareda
que antecipa sua voz
enquanto cresce
porque perdi o fio
a imagem do mundo
Para acender uma chama
há que juntar os galhos da árvore
do seu coração
sem motivo e depois arder.

DAMIÁN LAMANNA GUIÑAZÚ (1985)

ATRAVESAR LAS PALABRAS PARA LLEGAR AL RUIDO (FRAGMENTO)

un tren de rodillas y alrededor la oscuridad
la avenida rivadavia, sus techos llenos
de criaturas que no tienen
a dónde ir. por las tardes recorren los baldíos
con los fierros y hacen rancho; vidrios de botella
que reflejan el estrellado. ¿viste alguna vez un animal
haciendo globos después de que un auto lo pasara por encima?
si hay un cuerpo en el asfalto hay una historia
una llanta de luz y el temblor de las piedras
igual a un mecanismo de descomposición cuando llueve
adentro del bosque. aquella vez íbamos mi padre
y otro hombre con el corazón de nieve. nosotros
debajo del agua sacábamos una flota
de papeles de los abrigos y los soltábamos en la marea
los barcos recorrían las calles. ramos mejía casi un río
para navegar en una sola tarde. tenía una madre
que no cocinaba pero protegía sus dos pájaros que
se soltaban a veces raspaban como manos
la boca porque antes de hablar hay que medir el impacto
de los silencios. […]
respiro hondo y la noche revienta contra la puerta
deja su nombre secreto en la madera, para qué
abrir si no me importa el futuro más
que para decir, hasta hace pocos minutos
el frío me escoltó hacia el baldío donde aprendí
los primeros amagues — mi patio de atrás del universo — todavía
hago el mismo movimiento aunque mi peso

DAMIÁN LAMANNA GUIÑAZÚ (1985)

ATRAVESAR AS PALAVRAS PARA CHEGAR AO RUÍDO (FRAGMENTO)

um moinho e ao redor a escuridão
a avenida, seus trechos cheios
de criaturas que não têm
para onde ir. pelas tardes percorrem os baldios
com os ferros e fazem abrigo. vidros de garrafa
que refletem o céu estrelado. você viu alguma vez um animal
soltando bolhas depois que um carro passou por cima dele?
se há um corpo no asfalto há uma história
um pneu de luz e o tremor das pedras
igual a um mecanismo de decomposição quando chove
dentro do bosque, naquela vez íamos meu pai
e outro homem com o coração de neve. nós
debaixo da água apanhávamos um navio
de papel dos casacos e os soltávamos na maré
os barcos passeavam pelas ruas. ramos mejía quase um rio
para navegar numa só tarde, tinha uma mãe
que não cozinhava mas protegia seus pássaros que
se soltavam às vezes esfolavam como mãos
a boca porque antes de falar há que medir o impacto
dos silêncios [...]
respiro fundo e a noite arrebenta contra a porta
deixa seu nome secreto na madeira, para que
abrir se não importa mais o futuro
que para dizer, até poucos minutos atrás
o frio me escoltou até o baldio onde aprendi
os primeiros dribles — meu quintal de trás do universo — ainda
faço o mesmo movimento mesmo que meu peso

me vuelve más lento para trepar el aire pero así
es la felicidad, el cambio de piernas el corazón, voy despacio
por la raya izquierda desbordo. en algún lado
mis padres están juntos lo sé
ellos vinieron desde capital con sus tres hijos y con
struyeron construyeron antes de que yo pudiera
abrir los ojos, caer de los collares de mi madre
como muelas o un farol que se levanta en los tajos del vacío
no es un plato volador ni una estrella es el vacío negrísimo
de mis primeros años […]
cuando vi
a mi padre vestido de blanco y empecé a sentirlo cerca
una fortaleza un gólem un dragón indestructible
así es tener un muerto de mi lado
ver a alguien que te ama totalmente muerto es más
            que el universo
lo contrario
a estar solo. es una espada para atravesar las montañas
            debajo del océano
es una canoa que se hunde en el medio de una tempestad
            de fuego que no mata
y así como un tótem fui el primero de todos esos niños
en ver el poder de mis lágrimas de los otros
cada hermano y hermana al lado del féretro a punto de
morirse. a punto de desbarrancar y convertir a los animales
en fieras burbujeantes. viste alguna vez cómo los insectos
empiezan por los ojos, el animal quieto como un trineo
a punto de subirse al viento
con sus gusanos, cadáver de frutas, adorno vivo del asfalto, ángel
echado sobre el límite de la penumbra. y nosotros
alrededor […]
ramos mejía el eco y sus cadenas que se arrastran

me faça mais lento para pular no ar mesmo assim
é a felicidade, a troca de pernas pelo coração, vou devagar
pela esquerda saio. em algum canto
meus pais estão juntos eu sei
eles vieram da capital com seus três filhos e construíram
construíram antes de que eu pudesse
abrir os olhos, cair dos cordões da minha mãe
como molas ou um farol que se levanta nos feixes de vazio
não é um disco voador nem uma estrela é o vazio negríssimo
dos meus primeiros anos [...]
quando vi
o meu pai vestido de branco e comecei a senti-lo perto
uma fortaleza um golem um dragão indestrutível
assim é ter um morto ao meu lado
ver a alguém que o ama totalmente morto é mais
        que o universo
o contrário
estar só. é uma espada para atravessar as montanhas
        embaixo do oceano
é uma canoa que se funde no meio de uma tempestade
        de fogo que não mata
e assim como um totem fui o primeiro destes meninos
a ver o poder das minhas lágrimas aos outros
cada irmão e irmã ao lado do caixão a ponto de
morrer. a ponto de delirar e converter os animais
em feras espumantes. você viu alguma vez como os insetos
começam pelos olhos, o animal quieto como um rugido
a ponto de subir no vento
com suas lesmas, cadáver de frutas, enfeite vivo do asfalto, anjo
posto sobre o limite da penumbra. e nós
em volta [...]
ramos mejía o eco e suas cadeias que se arrastam

la iglesia y el pasto cortado al ras. todavía no termino de irme
cada tanto vuelvo a ver la casa derruida, a ver
cómo el árbol que mi padre
plantó a imagen y semejanza de los dioses
empieza a levantar los cimientos
como una uña, como una verdad en la cara de los débiles

si volviera
a escribir estas líneas, sería todo diferente pero no podría
            olvidar
el árbol, un tilo flaco que le reza a la lluvia
y trepa por mi sangre hasta alcanzar el vigor del gigante.
            mi padre
el de los primeros cuentos. las primeras voces todavía
siguen latiendo desde alguna caja así
comprendo que soy todas esas lenguas que hacen coro.
            sus colores
estridentes es un mapa para no perderme cuando la lluvia
            se nos muera
soy mi corazón de brújula
mi educación plebeya mi desborde mis dientes chuecos
            mis bolsillos
vacíos para que canten las monedas
mi educación plebeya es mi mochila llena de libros
mi castellano mal conjugado de ojos abiertos
            y sangre turbia
mientras mis compañeros de colegio compran
casas tienen hijos y nunca hacen el amor
mientras mis amigos del barrio tienen más hijas o es
tan muertos. quién pudiera
bancar la respiración sin haber roto algún corazón de este
mundo, sin haber intentado

a igreja e o pasto cortado rente. todavia não paro de ir
de vez em quando volto para ver a casa arruinada, a ver
como a árvore que meu pai
plantou à imagem e semelhança dos deuses
começa a brotar dos cimentos
como uma unha, como uma verdade na cara dos débeis

se voltasse
a escrever estas linhas, seria tudo diferente mas não poderia
            esquecer
a árvore, uma tília fraca que reza para a chuva
e sobe pelo meu sangue até alcançar o vigor de um gigante.
            meu pai.
ele dos primeiros contos. as primeiras vozes ainda
seguem pulsando de uma caixa assim
entendo que sou todas essas línguas que fazem coro.
            suas cores
estridentes é um mapa para eu não me perder quando a
            chuva nos mate
sou meu coração de bússola
minha educação plebeia minha margem meus dentes
            cariados meus bolsos
vazios para que cantem as moedas
minha educação plebeia é minha mochila cheia de livros
meu castelhano mal conjugado de olhos abertos
            e sangue turvo
enquanto meus companheiros de colégio compram
casas têm filhos e nunca fazem amor
enquanto meus amigos de bairro tem mais filhas ou
estão mortos. quem poderia
bancar a respiração sem ter quebrado algum coração deste
mundo, sem ter tentado

penetrar a un muerto antes de soltarlo a la intemperie
los perros se comen entre ellas porque la calle desaparece
el baldío tiene los arcos marcados porque la luz se ahoga
pero el vacío
pero la soledad
pero la nada y los lugares más comunes en este poema triste
acurrucados en los pulmones que lloran sobre el barro
oigo a los que viven en las cloacas
encerrados
entre cuatro ráfagas de cielo o anestesia el eco
anestesia en las rodillas deshilachadas
en los camellos
sí, crucé el desierto y su sol ténue
imaginando los cadáveres de ojos frutales para los halcones
que rompen el cielo detrás de las brujas. ¿acaso
están muertas las brujas que cruzaban la luna que existía
para mi terraza?
con mis padres, con mis hermanos desnudos, con
        mi hermana
descifrando el dolor de las mareas. están muertas
mis madres. son una lágrima de polvo bajo el calor
        de las autopistas [...]
cómo sobrevivir entonces sin poder
controlar el reverbero que anida en el silencio
la trampa de la rabia. si tuviera
que escribir este poema de nuevo diría otras palabras
pero mi guitarra mi rabia iría primero
más importante que este cuerpo
que esta noche sin ventanas, que esta luna duradera
        entre los dientes
que estos dientes apenas podridos mascullando el beso
        para cuándo

penetrar um morto antes de soltá-lo à intempérie
os cães se comem entre eles porque a rua desaparece
o baldio tem os arcos marcados pela luz que se afoga
mas o vazio
mas a solidão
mas o nada e os lugares mais comuns neste poema triste
apertados nos pulmões que choram sobre o barro
ouço aos que vivem nas bolhas
confinados
entre quatro vendavais do céu ou anestesia o eco
anestesia nos joelhos descosturados
nos camelos
sim, cruzei o deserto e seu sol tênue
imaginando os cadáveres de olhos frugais para os falcões
que rasgam o céu atrás das bruxas. por acaso
estão mortas as bruxas que cruzavam a lua que existia
no meu terraço?
com meus pais, com meus irmãos nus, com
        minha irmã
descifrando a dor das marés. estão mortas
minhas mães. são uma lágrima de pó debaixo do calor
        das avenidas [...]
como sobreviver então sem poder
controlar o reverbero que aninha o silêncio
a armadilha da raiva. se tivesse
que escrever este poema de novo diria outras palavras
mas meu violão minha raiva viria primeiro
mais importante que este corpo
que esta noite sem janelas, que esta lua duradoura
        entre os dentes
que estes dentes recém apodrecidos mascando o beijo
        para quando

cruces esa puerta mi amor con tu bolso al hombro
¿es qué pensabas que tanta soledad
en el centro del corazón me condenaba a la soledad del cuerpo?
a una casa vacía. así te escucho
tus pasos que se aproximan por la plaza. oigo tu llave
              que atraviesa
la cerradura y sube tu cuerpo
para abrazar a este cuerpo inabordable. lo acunás mientras
preparás la inyección que me hará dar frutos, mientras me abrís
la espalda para que el tiempo anide
mientras me preguntás si hoy sé algo nuevo sobre
              mi propia historia
y su planta
trepando a cientos de kilómetros. entre los ojos chicos de
mis hijos no nacidos que conviven con los fantasmas
              de los otros
y el amor la oscuridad. así florezco y desbordo
y conozco la sangre y entierro animales preciados y estoy solo
en una multitud de gente que me abraza [...]

cruzar esta porta meu amor com sua bolsa no ombro
é que pensava que tanta solidão
no centro do coração me condenava à solidão do corpo?
a uma casa vazia. assim a escuto
seus passos que se aproximam pela praça. ouço sua chave
                que atravessa
a fechadura e sobe seu corpo
para abraçar este corpo inabordável. me acalanta enquanto
prepara a injeção que fará dar frutos, enquanto me abre
as costa para que o tempo aninhe
enquanto me pergunta se hoje sei algo novo sobre
                minha própria história
e sua planta
trepando a cem quilômetros, entre os olhos infantis de
meus filhos não nascidos que convivem com os fantasmas
                dos outros
e o amor a escuridão. assim floresço e transbordo
e conheço o sangue e enterro animais preciosos e estou só
na multidão de gente que me abraça [...]

LUCIO MADARIAGA (1985)

PERICIA

sobre un hilo tan delgado
como el brote
que recién asoma
transparente su ras de alegoría
vino del viento
de otro jardín de otras manos solitarias
y aprovechó el grumo de la tierra removida
su núcleo de lo no comido
así se espiga
el mero yuyo oxigena para abajo
yo es un niño ahora
y en los ojos morados de un paisano
pude leer el sistema para soportar
el peso de las cosas
hay que desobedecer ese consejo
que te invita
— no mires para abajo
te podés caer —
en el territorio arbitrario del espanto
busco entender
lo que se quiere

*

TODO LO ROTO TIENE ALGO SUELTO

llueve y veo un bloque sobre marx
todo el frío en primavera todo el frío en los huesos

LUCIO MADARIAGA (1985)

DESTREZA

sobre um fio tão fino
como o broto
que recém surge
transparente seu rés de alegoria
vindo do vento
de outro jardim de outras mãos solitárias
e aproveitou o coágulo da terra removida
seu núcleo do não comido
assim se estica
a mera erva oxigena para baixo
eu é um menino agora
e nos olhos roxos de um paisano
posso ler o sistema para suportar
o peso das coisas
há que desobedecer esse conselho
que o convida
— não olhe para baixo
você pode cair —
no território arbitrário do espanto
busco entender
o que se quer

*

TODO ROTO TEM ALGO SOLTO

chove e vejo um bloco sobre marx
todo o frio na primavera todo o frio nos ossos

todo el frío que avanza a escala mundial
el recuerdo de esa remera de manchas y agujeros
de los quince
que tiró mi madre
temo convertirme en un nihilista
o en un crítico especializado de lo efímero
así nos doblan mientras se pudren
pero qué nos dice hoy seamos sinceros
el ellos el nosotros la otredad
a dónde estamos a dónde somos
yo solo sé que le voy a
salir al frío y poner de pie a los jazmines
a proteger a maría del diluvio
a emocionarme
a veces
lloro cuando pienso en la actualidad
yo acompañado sé que
me consuela la imagen
que todo lo roto
tiene algo suelto

*

MALACARA DEL FONDO DEL ESTERO

viene se acerca la mancha, allá lejos
no tanto como para no divisarse caballo
lo suficiente para no distinguir su sexo
viene levantando el polvo a su paso
parece guiar una tormenta de arena
la superstición la intemperie se alza
en la mancha

todo o frio que avança em escala mundial
a lembrança dessa camiseta furada e manchada
dos quinze anos
que minha mãe jogou fora
temo converter-me em um niilista
ou em um crítico especializado no efêmero
assim nos convencem enquanto apodrecem
mas o que nos disse hoje sejamos sinceros
o eles o nós a alteridade
onde estamos onde somos
eu só sei que vou
sair no frio e pôr de pé os jasmins
proteger a maria do dilúvio
emocionar-me
às vezes
choro quando penso na atualidade
eu acompanhado sei que
me consola a imagem
que todo roto
tem algo solto

*

MALACARA DO FUNDO DO PANTANAL

vem se aproximando a mancha, lá longe
não tanto para não se identificar o cavalo
o suficiente para não distinguir seu sexo
vem levantando pó no seu passo
parece guiar uma tormenta de areia
a superstição a intempérie se ergue
na mancha

y no temo
viene caballo solo con un ritmo ligero
podría ser el mismo fuego el primigenio
o un espejismo balanceándose en el límite
del agua
lucero que viene lucero que atraviesa el campo frenético
detrás de mí se han alineado los pájaros
las perras han dejado el hambre a un costado
y en el aire se saborea la amargura
de la flora sagrada
de mi continente
parpadeo una sola vez y la mancha gateada
se ha frenado en mis ojos
unimos abismos, entrelazamos pestañas
está tan cerca que no puedo distinguir
el sexo
pero su religión
es más antigua que cualquier historia
que cualquier quietud

*

EL RITO

voy al balcón a girar sobre mí mismo
veo en el aire la amenaza circular
la gata, escondida entres las plantas
con el sol en medio lomo,
no se hace eco del peligro
el carancho de la reserva sobrevuela el barrio
busca su presa en el cemento
temo por la gata

e não temo
vem cavalo só com um ritmo ligeiro
poderia ser o mesmo fogo o primordial
ou um reflexo movendo-se no limite
da água
luzeiro que vem luzeiro que atravessa o campo frenético
atrás de mim estão alinhados os pássaros
as cachorras deixaram a fome de lado
e no ar se saboreia a amargura
da flora sagrada
do meu continente
pisco uma só vez e a mancha gateada
brecou nos meus olhos
unimos abismos, entrelaçamos cílios
está tão perto que não posso distinguir
o sexo
mas sua religião
é mais antiga que qualquer história
que qualquer silêncio

*

O RITUAL

vou à sacada a girar sobre mim
vejo no ar a ameaça circular
a gata, escondida entre as plantas
com o sol em meio lombo,
não se dá conta do perigo
o carcará da reserva sobrevoa o bairro
busca sua presa no cimento
temo pela gata

soy un idiota, me digo
y barro unas hojas con los pies descalzos
con la intención de quien baja la guardia
frente a la sugestión
no puedo pensar piojito trinador
brasita de fuego
me digo carancho pero quisiera sugerir monterita litoraleña
o canela
saíra de antifaz en la baranda de espaldas al ruido
y recibir la visita periódica de un gaviotín sudamericano
en los atardeceres
para abrigarme en el continente
hoy tengo un agujero negro en el pecho
donde se marean los pájaros

sou um idiota, me digo
e varro umas folhas com os pés descalços
com a intenção de quem baixa a guarda
frente ao fascínio
não posso pensar alegrinho-trinador
tico-tico rei
me digo carcará mas queria sugerir quete-do-sul
ou tentilhão canela
saíra-viúva na varanda de costas ao ruído
e receber a visita periódica de um trinta-réis sul-americano
nos entardeceres
para me acalentar no continente
hoje tenho um buraco negro no peito
onde se atordoam os pássaros

PAULA GIGLIO (1988)

GRAVEDAD

Pareciera que respondemos
a los vicios de la naturaleza.
Algo se cae y alguien lo levanta:
es un instante.
De lo contrario, la gravedad se ensaña
con el vaso de vidrio,
aunque después se arrepiente
y nos deja pegar los zapatos al piso
también la escoba
y todos los vidriecitos quietos
a la espera de las leyes de movimiento.

*

EL NUDO

La cortina de tu casa
atada por el medio
con una cinta de raso.
Del otro lado del vidrio, un árbol
henchido de limones.
Vos, cuando oscurece,
cerrás todo lo que estaba abierto:
tapás la yerba y me ofrecés un té,
desatás la cinta, la cortina cae,
y yo siento
que acabás de desprenderme algo.

*

PAULA GIGLIO (1988)

GRAVIDADE

Pareceria que respondemos
aos vícios da natureza.
Algo cai e alguém o levanta:
é um instante.
Do contrário, a gravidade se assanha
com o copo de vidro,
mesmo que depois se arrependa
e nos deixe colando os sapatos no chão
também a vassoura
e todos os vidrinhos quietos
à espera das leis de movimento.

*

O NÓ

A cortina da sua casa
atada pela metade
com uma fita de cetim.
do outro lado do vidro, uma árvore
cheia de limões.
Você, quando escurece,
fecha tudo o que estava aberto:
tampa a erva e me oferece um chá,
desata a fita, a cortina cai,
e eu sinto
que acaba de me desprender algo.

*

PRINCIPIO ANTRÓPICO

Una palabra más
y se rompe el equilibrio.
El agua líquida no es casual;
tampoco la distancia
entre el Sol y la Tierra:
un poco más acá, y seríamos vapor;
un poco más allá, y seríamos de hielo.

*

CAMBIOS

Mi color de pelo
que sobre el negro parece rubio
y sobre el miedo parece fuerte.
Me olvido de cómo es en otoño:
lacio, suave, pelo de muñeca de antes.
En cambio en verano estalla
se vuelve rojo y enrulado.
A mí no me cuesta adaptarme.
Me cuesta permanecer.

*

Viene y enseguida se va
trayendo caracoles:
huesos, en cierta forma.
Pienso en la última vez
que me fui de viaje.
Cuando volví

PRINCIPIO ANTRÓPICO

Uma palavra a mais
e se rompe o equilíbrio.
A água líquida não é casual;
tampouco a distância
entre o Sol e a Terra:
um pouco mais para cá, e seríamos vapor;
um pouco mais para lá, e seríamos de gelo.

*

TROCAS

Minha cor de cabelo
que sobre o negro parece loiro
e sobre o medo parece forte.
Me esqueço de como é no outono:
liso, suave, cabelo de boneca antiga.
Em troca no verão salta
fica vermelho e enrolado.
Não custa nada me adaptar.
Custa permanecer.

*

Vem e logo vai
trazendo caracóis,
ossos, de certa forma.
Penso na última vez
que fui de viagem.
Quando voltei

todo estaba muerto y roto.
Al instante se cortó la luz:
las plantas, el escalón, tu sombra,
nada de eso existía.

*

(SIN TÍTULO)

Esta vez soy yo
la que camina despacio
buscando la casa de comida china
donde nos dieron fideos comunes
en lugar de fideos de arroz.
La salida de estación Carranza
se bifurca: es por la derecha;
hacia la izquierda, crece el mundo.
También podría pensar
en dos hemisferios con claridad meridiana:
vos   yo
si bien tenemos algo en común
que nos destruye: la dispersión
y creer que vamos a estar bien,
de todos modos.

*

La física llega hasta el corazón.
Hay un impulso
que se imprime en el cuerpo
cuando el subte arranca.
La disciplina de ir pegada a las vías

tudo estava morto e estragado.
No instante acabou a luz:
as plantas, o degrau, sua sombra,
nada disso existia.

*

(SEM TÍTULO)

Desta vez sou eu
a que caminha devagar
buscando a casa de comida chinesa
onde nos deram fideos comuns
no lugar de fideos de arroz.
A saída da estação Carranza
se bifurca: é pela direita;
até à esquerda, cresce o mundo.
Também poderia pensar
em dois hemisférios com clareza meridiana:
você   eu
se bem que temos algo em comum
que nos destrói: a dispersão
e acreditar que estaremos bem,
de qualquer jeito.

*

A física chega até o coração.
Há um impulso
que se imprime no corpo
quando o metrô arranca.
A disciplina de ir colada nas vias

me recuerda: escuchar, escuchar;
dejarse moldear por la inercia.

*

Un jardín
donde todos los elementos
están presentes:
el agua, la tierra,
nuestro lugar:
justo al medio
entre el roble americano
y el arce japonés.
Llegué temprano porque todavía
no calculo las distancias.
Me pregunta qué hice.
Nada. Él es mi anécdota.

me lembra: escutar, escutar;
deixar-se moldar pela inércia.

*

Un jardim
onde todos os elementos
estão presentes:
a água, a terra,
nosso lugar:
justo no meio
entre o carvalho
e o bordo japonês.
Cheguei cedo porque ainda
não calculo distâncias.
Me pergunte o que fiz.
Nada. Ele é a minha anedota.

DAIANA HENDERSON (1988)

BICICLETA

Cada uno de los caminos es un túnel
vallado por árboles de distinta especie.
Andá a saber dónde nos llevan.
Clava el talón en el ripio y dice
"¿a dónde queda el atardecer?".
Hay que agarrar por la derecha.
Llegamos a donde se termina todo,
con esfuerzo.
Debemos atrapar el sol,
hay que alcanzarlo.
Está nublado pero podemos
percibirlo triturar los últimos
papeles aluminio de la ruta
paralela al horizonte,
atrás de la plantación que ahora es verde loro,
pero en una época del año, me dicen,
vienen las niñas de 15 a fotografiarse
al campo dorado de trigos.
No me entra la realidad en los ojos
y quisiera que el mundo sea sólo esto.
Bastaría.
No habría mayor necesidad, excepto
abrigarse cuando oscurece,
compartirlo.
De vuelta, voy esquivando con la bicicleta
pozos de agua sedimentada.
Me creo lejos de las obligaciones, acá.
Pero vuelvo cargando la mayor

DAIANA HENDERSON (1988)

BICICLETA

Cada um dos caminhos é um túnel
cercado de árvores de distintas espécies.
Vai saber onde eles nos levam.
Crava o calcanhar no cascalho e pergunta
"onde fica o entardecer?"
Precisamos tomar a direita.
Ir até onde tudo termina,
com esforço.
Precisamos conquistar o sol,
há que alcançá-lo.
Está nublado mas podemos
ainda percebê-lo triturar os últimos
papéis de alumínio da estrada
paralela ao horizonte,
atrás da plantação que agora é verde-louro,
mas que em certa época do ano, dizem,
chegam adolescentes de 15 anos para tirar fotografias
em meio ao campo dourado de trigos.
A realidade não cabe em meus olhos
e queria que o mundo fosse apenas isto.
Bastaria.
Não haveria maior necessidade, exceto
de abrigar-se quando escurece,
e compartilhar.
De volta, vou esquivando com a bicicleta
poços de água sedimentada.
Creio que estou distante das obrigações, por aqui.
Mas volto carregando a maior

de las responsabilidades: escribir
el poema más hermoso.

*

DICHA

Sigo encontrando cierta dicha
en ir en bicicleta hasta tu casa.
Remar no se trata de llegar a la isla,
es disfrutar el trayecto
— dijo Ricardo cuando nos enseñó.
Cada desplazamiento tiene su clave sensitiva.
Bajo los cambios para subir.
Después,
apoyo el peso del cuerpo en los pedales
y me dejo caer en picada.
Se entretejen nudos en los pelos
cuando se ponen a flamear hacia atrás.
Las construcciones van perdiendo altura,
una estela de humo atraviesa el cielo,
dibujada con la punta de una fábrica.
Aterrizo en la entrada de tu casa. Las cosas
andan bastante mal ahí adentro
o en cualquier otro reducto
que tengamos que compartir.
Puedo aceptar que ya no nos queremos como antes,
pero si insisto, es porque la distancia
fabricada entre nosotros
es tan hermosa y delicada
como ningún otro trayecto
que conozca hasta ahora.

das responsabilidades: escrever
o mais belo poema.

*

FELICIDADE

Sigo encontrando certa felicidade
em ir de bicicleta até a sua casa.
Remar não se trata de chegar até a ilha,
é desfrutar o trajeto.
— disse Ricardo quando nos ensinou.
Cada deslocamento tem sua chave sensitiva.
Abaixo a marcha para subir.
Depois,
apoio o peso do corpo nos pedais
e me deixo mergulhar na ladeira.
Se emaranham nós nos cabelos
quando se põem a esvoaçar atrás.
As construções vão perdendo altura,
uma esteira de fumaça atravessa o céu,
desenhada com a ponta de uma fábrica.
Aterrizo na entrada da sua casa. As coisas
andam bastante mal aí dentro
ou em qualquer outro reduto
que tenhamos que compartilhar.
Posso aceitar que já não nos queremos como antes,
mas se insisto, é porque a distância
fabricada entre nós
é tão bela e delicada
como nenhum outro trajeto
que eu conheça até agora.

*

EQUILIBRIO

Papá aflojó los tornillos
para que aprendiera
a andar sin rueditas.
Ella me llevó a la vereda de tierra
que rodea al hipódromo,
justo enfrente de casa.
Y cuál es la necesidad
de aprender a sostener
mi cuerpo todo de nuevo.
Le hice prometer que no
me soltaría por nada del mundo,
giraba apenas mi cuello
para ver que ella siguiera ahí,
corriendo justo detrás mío,
agarrándome de la parte baja del asiento.
"Yo no te suelto — me decía —,
yo no te suelto",
pero para ese entonces
ya estaba pedaleando sola
y no me daba cuenta
de cómo ella se alejaba de mí,
aun quedándose quieta
entre los troncos viejos y gruesos.
Me enojé tanto cuando me dí vuelta
que rechacé ese objeto
a un costado de la vereda
y quise volver a casa.
Ahora voy esquivando colectivos,

EQUILÍBRIO

Papai afrouxou os parafusos
para que aprendesse
a andar sem rodinhas.
Ela me levou ao caminho de terra
que rodeia o hipódromo,
bem em frente de casa.
E qual é a necessidade
de aprender a sustentar
meu corpo todo de novo.
Fiz ela prometer que não
me soltaria por nada deste mundo,
virava apenas meu pescoço
para ver que ela estava ali,
correndo atrás de mim,
segurando-me na parte baixa do banco.
"Eu não te solto — me dizia —,
eu não te solto",
mas então
já estava pedalando só
e não me dava conta
de como ela se distanciava de mim,
mesmo ficando quieta
entre os troncos velhos e grossos.
Me enfureci tanto quando dei a volta
que enxotei esse objeto
para um canto do caminho
e quis voltar pra casa.
Agora vou me desviando dos ônibus,

haciendo finitos, calculo
el tiempo exacto para pasar en rojo
y no morir en el asfalto,
pero así y todo no voy a reconocerlo.
He decepcionado muchas veces a mi madre
 y sé que seguiré haciéndolo.
No hay lugar en el mundo
para dos personas iguales,
ni siquiera lo hay en una casa,
y por eso me fui apenas terminada la escuela.
Pero es necesario para que mamá aprenda.
El equilibrio se fabrica con la distancia,
si nos quedamos quietas
seguramente nos vamos a caer.
Ahora rebobino el cassette
y resulta que soy yo la que se aleja
mientras ella se queda parada,
palideciendo bajo el sol de un domingo.
Pero yo no te suelto, mamá,
yo no te suelto.

correndo rente, calculo
o tempo exato para passar no vermelho
e não morrer no asfalto,
mesmo assim e tudo não vou reconhecê-lo.
Decepcionei muitas vezes a minha mãe
e continuarei a fazê-lo.
Não há lugar no mundo
para duas pessoas iguais,
nem mesmo há em uma casa,
e por isso fui embora assim que terminei a escola.
Mas é preciso para que mamãe aprenda.
O equilíbrio se fabrica com distância,
se ficarmos quietas
seguramente vamos cair.
Agora rebobino a fita
e vejo que sou eu a que se distancia
enquanto ela fica parada,
empalidecendo debaixo do sol de um domingo.
Mas eu não te solto, mamãe,
Eu não te solto.

SOBRE LOS POETAS

FRANCISCO MADARIAGA. Nació en 1927 en Paraje Estancia Caimán, una zona alejada de la provincia de Corrientes, que marcó para siempre su poesía. Hasta los 8 años de edad vivió entre esteros, lagunas, palmeras salvajes y los gauchos más arcaicos, de quienes aprendió la lengua guaraní. Sus parceros poéticos fueron, en distintos momentos y aventuras, Edgar Bayley, Aldo Pellegrini, Enrique Molina, Olga Orozco y el genial Oliverio Girondo. Dedicó poemas a Guimarães Rosa y Garcilaso de la Vega. Fue peón del planeta y criollo del universo. Murió en el año 2000. Su obra reunida, *Contradegüellos*, fue publicada en mayo de 2016 y abarca más de mil páginas.

SUSANA THÉNON. Nació en la ciudad de Buenos Aires en 1935. Como poeta, fue una cazadora solitaria, un fulgor esquivo y huérfano de linajes y parentescos, aunque no de descendencia: quizás por su desparpajo y su irónico feminismo es una de las poetas argentinas más leídas por lxs jóvenxs. Hija de un famoso psicoanalista y lectora insaciable, nunca pareció interesarse en los circuitos literarios de lo que podríamos llamar "su época". Durante algunos años fue fotógrafa de profesión, y cantante de tangos y milongas en lunfardo –que traducía al latín– por vocación. Murió en 1991. Su obra reunida, *La morada imposible (tomos I y II)*, fue publicada en 2001.

TERESA ARIJÓN. Buenos Aires. 1960. Publicó, entre otros: *La escrita* (1988), *Poemas y animales sueltos* (2005), *Os* (2009) y *Óstraca* (2011). Es traductora, ensayista y editora. Codirige la colección Nomadismos (Buenos Aires-Río de Janeiro-

SOBRE LOS POETAS

FRANCISCO MADARIAGA. Nasceu em 1927 em Paraje Estancia Caimán, uma região distante da província de Corrientes e que marcou para sempre a sua poesia. Até os oito anos de idade viveu entre pantanais, lagoas, palmeiras selvagens e os gaúchos mais arcaicos, com quem aprendeu a língua guarani. Seus parceiros poéticos foram, em diferentes momentos e aventuras, Edgar Bayley, Aldo Pellegrini, Enrique Molina, Olga Orozco e o genial Oliverio Girondo. Ele dedicou poemas à Guimarães Rosa e Garcilaso de la Vega. Foi peão do planeta criollo do universo. Morreu no ano 2000. Sua obra reunida, *Contradegüellos*, foi publicada em maio de 2016 e tem mais de mil páginas.

SUSANA THÉNON. Nasceu na cidade de Buenos Aires, em 1935. Cómo poeta, foi uma caçadora solitária, um fulgor esquivo e órfão de linhagens e parentescos, mesmo que não de descendência: talvez por sua desenvoltura e seu irônico feminismo é uma das poetas argentinas mais lidas entre xs jovens. Filha de um famoso psicanalista e uma leitura insaciável, nunca pareceu se interessar pelos circuitos literários do que poderíamos chamar "sua ´época". Durante anos, foi fotógrafa de profissão, e cantora de tangos e milongas em lunfardo — que traduzia para o latim — por vocação. Morreu em 1991. Sua obra reunida, *La morada imposible (tomos I y II)*, foi publicada em 2001.

TERESA ARIJÓN. Buenos Aires, 1960. Publicou, entre outros: *La escrita* (1988), *Poemas y animales sueltos* (2005), *Os* (2009) e *Óstraca* (2011). É tradutora, ensaista e editora. Co-dirige a coleção Nomadismos (Buenos Aires-Río de Ja-

-Cuenca), la red Palavbras Andantes y el proyecto pato-en-
-la-cara.

JUAN DESIDERIO. Buenos Aires. 1962. Publicó, entre otros:
Barrio trucho (1990), *La zanjita* (1996), *Obra poética* (1990-
2014). Es músico y letrista. Trabaja como bibliotecario desde
los 19 años. Editó, con Ricardo Cerqueiro, la revista de poesía *La trompa de falopo*.

CARLOS BATTILANA. Paso de los Libres (Corrientes). 1964.
Publicó, entre otros: *Unos días* (1992), *El fin del verano*
(1999), *La demora* (2003), *Materia* (2010), *Velocidad crucero*
(2014), *Un western del frío* (2015), *Ramitas* (2018). Es docente y ensayista.

JOSÉ VILLA. Martín Coronado (Gran Buenos Aires). 1966.
Publicó, entre otros: *Camino de vacas* (2007) y *Escombro*
(2015). Es editor, crítico literario y coeditor de la revista digital de poesía Op.cit.

BÁRBARA BELLOC. Buenos Aires. 1968. Publicó, entre otros:
Espantasuegras (2005), *Andinista* (2009), *Canódromo* (2015).
Ensayista y traductora del inglés, el portugués y el griego clá-
sico. Codirige la colección Nomadismos (Buenos Aires-Río
de Janeiro-Cuenca).

SILVIA CASTRO. General Roca (Río Negro). 1968. Publicó,
entre otros: *La Selva Fría* (2006), *Isondú* (2014), *Puelches*
(2018) y *Pisagua* (2019). Su último libro de fotografía es *El
olor de las hormigas* (2017). Integró la organización del Festival Latinoamericano de Poesía en el Centro.

neiro-Cuenca), a rede Palavbras Andantes e o projeto pato-
-en-la-cara.

JUAN DESIDERIO. Buenos Aires. 1962. Publicou, entre outros: *Barrio trucho* (1990), *La zanjita* (1996), *Obra poética*
(1990-2014). É músico e letrista. Trabalha como bibliotecá-
rio desde os 19 anos. Editou, com Ricardo Cerqueiro, a revista de poesia *La trompa de falopo*.

CARLOS BATTILANA. Paso de los Libres (Corrientes). 1964.
Publicou, entre outros: *Unos días* (1992), *El fin del verano*
(1999), *La demora* (2003), *Materia* (2010), *Velocidad crucero*
(2014), *Un western del frío* (2015), *Ramitas* (2018). É docente
e ensaísta.

JOSÉ VILLA. Martín Coronado (Gran Buenos Aires). 1966.
Publicou, entre outros: *Camino de vacas* (2007) e *Escombro*
(2015). É editor, crítico literário e co-editor da revista digital
de poesia *Op.cit.*

BÁRBARA BELLOC. Buenos Aires. 1968. Publicou, entre
outros: *Espantasuegras* (2005), *Andinista* (2009), *Canódromo* (2015). Ensaista e tradutora de inglês, português e grego
clássico. Co-dirige a coleção Nomadismos (Buenos Aires-
-Río de Janeiro-Cuenca).

SILVIA CASTRO. General Roca (Río Negro). 1968. Publicou,
entre outros: *La Selva Fría* (2006), *Isondú* (2014), *Puelches*
(2018) e *Pisagua* (2019). Seu último livro de fotografias é *El
olor de las hormigas* (2017). Integrou a organização do Festival Latinoamericano de Poesía en el Centro.

PAULA JIMÉNEZ ESPAÑA. Buenos Aires. 1969. Publicó, entre otros: *La mala vida* (2007), *Espacios naturales* (2009) y *Paisaje alrededor* (2014). Es docente y periodista cultural. Desde 2008 escribe para los suplementos *Soy y Las 12*, del diario *Página 12*.

MERCEDES ARAUJO. Mendoza (Mendoza). 1972. Publicó, entre otros: *Viajar sola* (2008), *La isla* (2011), *La hija de la Cabra* (2012) y *Así es el fuego* (2018). Es narradora y fotógrafa.

VALERIA CERVERO. Buenos Aires. 1972. Publicó: *cadencias* (2012), *escondidas* (2013), *equilibristas* (2014), *Sin órbitas* (2016), *madrecitas* (2017), *Seres pequeños y Sibilejo* (2018). Coedita la revista digital de poesía Op.cit.

CLAUDIA MASIN. Resistencia (Chaco). 1972. Publicó, entre otros: *Geología* (2001), *La vista* (2002), *La plenitud* (2010), *La cura* (2016), *Lo intacto* (2018). Es ensayista y docente universitaria. Fundó las editoriales Abeja Reina y Curandera.

CARLOS J. ALDAZÁBAL. Salta (Salta). 1974. Publicó, entre otros: *Piedra al pecho* (2013), *Las visitas de siempre* (2014) y *Camerata carioca* (2017). Dirige la editorial El Suri Porfiado y coordina el Espacio Literario Juan L. Ortiz del C.C.C Floreal Gorini.

FERNANDO ARALDI OESTERHELD. Buenos Aires. 1975. Publicó: *El sexo de las piedras* (2014) y *Un veneno de sí* (2016).

JULIA MAGISTRATTI. Azul (Buenos Aires). 1976. Publicó, entre otros: *EA* (2007), *El hueso de la sombra* (2011) y *Pueblo* (2016). Codirige la editorial de poesía *La Gran Nilson*.

PAULA JIMÉNEZ ESPAÑA. Buenos Aires. 1969. Publicou, entre outros: *La mala vida* (2007), *Espacios naturales* (2009) e *Paisaje alrededor* (2014). É docente e jornalista cultural. Desde 2008, escreve para os suplementos *Soy* e *Las 12*, do jornal *Página 12*.

MERCEDES ARAUJO. Mendoza (Mendoza). 1972. Publicou, entre outros: *Viajar sola* (2008), *La isla* (2011), *La hija de la Cabra* (2012) e *Así es el fuego* (2018). É romancista e fotógrafa.

VALERIA CERVERO. Buenos Aires. 1972. Publicou: *cadencias* (2012), *escondidas* (2013), *equilibristas* (2014), *Sin órbitas* (2016), *madrecitas* (2017), *Seres pequeños* e *Sibilejo* (2018). Co-edita a revista digital de poesia Op.cit.

CLAUDIA MASIN. Resistencia (Chaco). 1972. Publicou, entre outros: *Geología* (2001), *La vista* (2002), *La plenitud* (2010), *La cura* (2016), *Lo intacto* (2018). É ensaista e docente universitária. Fundou as editoras Abeja Reina e Curandera.

CARLOS J. ALDAZÁBAL. Salta (Salta). 1974. Publicou, entre outros: *Piedra al pecho* (2013), *Las visitas de siempre* (2014) e *Camerata carioca* (2017). Dirige a editoria El Suri Porfiado e coordena o Espacio Literario Juan L. Ortiz do C.C.C Floreal Gorini.

FERNANDO ARALDI OESTERHELD. Buenos Aires. 1975. Publicou: *El sexo de las piedras* (2014) e *Un veneno de sí* (2016).

JULIA MAGISTRATTI. Azul (Buenos Aires). 1976. Publicou, entre outros: *EA* (2007), *El hueso de la sombra* (2011) e *Pueblo* (2016). Co-dirige a editora de poesia La Gran Nilson.

SILVINA GIAGANTI. Avellaneda (Gran Buenos Aires). 1976. Publicó: *Tarda en apagarse* (2017). Es licenciada en Filosofía.

JAVIER FOGUET. San Miguel de Tucumán (Tucumán). 1977. Publicó: *La tumba de los viajes* (2006) y *El humor de la luz* (2009).

PAULA PEYSERÉ. Buenos Aires. 1981. Publicó: *¡España, qué hermosa eres!* (2005), *Las afueras* (2007), *Telepatía* (2012), *Todo el tiempo de cero* (2015) y *Los ejemplos* (2016). Es activista cultural.

FRANCO RIVERO. Ituzaingó (Corrientes). 1981. Publicó: *Situación desbridamiento* (2010), *vos ahora voz* (2014 y 2018, ed. rev.), *nudo de agua en el viento* (2016), *ud no viaja asegurado* (2016), y *disminuya velocidad* (2018). Es asesor editorial y coordina talleres de poesía.

MARCELO DÍAZ. Villa Mercedes (San Luis). 1981. Publicó: *Newton y yo* (2011), *Los cuadernos de Mishima* (2016), *Bildungsroman* (2018) y *La formación de la lírica* (2018). Es profesor en Letras y colabora en las revistas *Op.Cit* y *Otra Parte*.

DAMIÁN LAMANNA GUIÑAZÚ. Ramos Mejía (Gran Buenos Aires). 1985. Publicó: *Dormir en la espalda de la lengua* (2011), *Después de la superficie* (2013) y *Propiedad Horizontal* (2016). Integra los colectivos musicales Las Hojas y La culpa del mundo.

LUCIO MADARIAGA. Buenos Aires. 1985. Publicó *Materia Oscura* (2015). Es periodista y gestor cultural. Trabaja en el Área de Letras del Fondo Nacional de las Artes.

SILVINA GIAGANTI. Avellaneda (Gran Buenos Aires). 1976. Publicou: *Tarda en apagarse* (2017). É licenciada en Filosofia.

JAVIER FOGUET. San Miguel de Tucumán (Tucumán). 1977. Publicou: *La tumba de los viajes* (2006) e *El humor de la luz* (2009).

PAULA PEYSERÉ. Buenos Aires. 1981. Publicou: *¡España, qué hermosa eres!* (2005), *Las afueras* (2007), *Telepatía* (2012), *Todo el tiempo de cero* (2015) e *Los ejemplos* (2016). É ativista cultural.

FRANCO RIVERO. Ituzaingó (Corrientes). 1981. Publicou: *Situación desbridamiento* (2010), *vos ahora voz* (2014 y 2018, ed. rev.), *nudo de agua en el viento* (2016), *ud no viaja asegurado* (2016) e *disminuya velocidad* (2018). É assistente editorial e coordena oficinas de poesia.

MARCELO DÍAZ. Villa Mercedes (San Luis). 1981. Publicou: *Newton y yo* (2011), *Los cuadernos de Mishima* (2016), *Bildungsroman* (2018) e *La formación de la lírica* (2018). É professor de Letras e colabora nas revistas *Op.Cit* e *Otra Parte*.

DAMIÁN LAMANNA GUIÑAZÚ. Ramos Mejía (Gran Buenos Aires). 1985. Publicoou: *Dormir en la espalda de la lengua* (2011), *Después de la superficie* (2013) e *Propiedad Horizontal* (2016). Integra os coletivos musicais Las Hojas e La culpa del mundo.

LUCIO MADARIAGA. Buenos Aires. 1985. Publicou *Materia Oscura* (2015). É jornalista e gestor cultural. Trabalha na área de Letras do Fondo Nacional de las Artes.

PAULA GIGLIO. Córdoba (Córdoba). 1988. Publicó, entre otros: *En el cuerpo* (2016), *Un lugar para mis piernas largas* (2018), *La risa loca de los ángeles* (2018) y *Hoy llueve en el mundo* (2019). Es licenciada en Filosofía.

DAIANA HENDERSON. Paraná (Entre Ríos). 1988. Publicó, entre otros: *El gran dorado* (2012), *A través del liso* (2013), *Un foquito en medio del campo* (2013) e *Irse* (2018). Codirige la editorial Neutrinos y es librera.

FOTÓGRAFA

DENISE GIOVANELI. Buenos Aires. 1980. Colabora en diversos medios argentinos. Sus obras fueron seleccionadas en Petrobrás Buenos Aires Photo 2007, y en las ediciones 2012, 2015 y 2016 del Nano Festival. En 2009 participó en la Beca LIPAC (Centro Cultural Ricardo Rojas) y en 2010 integró la Segunda Bienal de ARTExARTE.

PAULA GIGLIO. Córdoba (Córdoba). 1988. Publicou, entre outros: *En el cuerpo* (2016), *Un lugar para mis piernas largas* (2018), *La risa loca de los ángeles* (2018) e *Hoy llueve en el mundo* (2019). É licenciada em Filosofia.

DAIANA HENDERSON. Paraná (Entre Ríos). 1988. Publicou, entre outros: *El gran dorado* (2012), *A través del liso* (2013), *Un foquito en medio del campo* (2013) e *Irse* (2018). Co-dirige a editora Neutrinos e é livreira.

FOTÓGRAFA

DENISE GIOVANELI. Buenos Aires. 1980. Colabora em diversos meios argentinos. Suas obras foram selecionadas na Petrobrás Buenos Aires Photo 2007, e nas edicições 2012, 2015 y 2016 do Nano Festival. Em 2009 participou na Beca LIPAC (Centro Cultural Ricardo Rojas) e em 2010 integrou a Segunda Bienal de ARTExARTE.